" 사랑하는 자여 네 영혼이 잘됨 같이
네가 범사에 잘되고 강건하기를 내가 간구하노라"(요삼 1:2)
"Beloved, I pray that you may prosper in all things
and be healthy. even as your soul prospers" (3John 1:2)

이런 부모가 되게 하소서

자녀는 하나님의 소중한 선물임을

늘 기억하게 하소서

우리의 생각과 계획이 아닌

하나님의 말씀으로 양육할수 있도록

지혜와 용기를 주소서

그리하여

태초부터 자녀를 향한 사랑과

비젼들이 이 땅에 있는 동안

하나님께 영광을

우리 자녀들에겐 축복으로

주여 인도하소서

예수님의 사랑 안에서 자라기를 기도하며

To._____

From._____

_____ 교회

믿음의 유산

엄마랑 아기랑 행복한 동행

성경 태교 동화

2판 1쇄   2021.3.20
2판 2쇄   2021. 4.15

지 은 이   노영애
일러스트 by 조성경·조하은
디 자 인   최주호
펴 낸 이   이규종
펴 낸 곳   엘맨 출판사
등록번호   제13-1562호(1985.10.29.)
주   소   서울시 마포구 토정로222
              한국출판콘텐츠센터 422-3
전   화   (02) 323-4060,6401-7004
팩   스   (02) 323-6416
이 메 일   elman1985@hanmail.net

www.elman.kr

ISBN : 978-89-5515-701-7   03230

값 23,000원

아기랑 엄마랑 행복한 동행

성경
태교동화

노영애 지음

Bible Study
For Prenatal Education

엘맨
하나님의 사랑을 만들어 가는 ELMAN

프롤로그

이 세상에서 가장 소중하고 놀라운 일이 있다면 생명을 잉태하는 일일 것입니다.
두 아이 엄마가 되어 살아온 시간들은 축복의 날들입니다. 첫아이와 둘째 아이 임신한
그 순간은 지금도 세상의 언어로 표현할 수 없는 신비롭고 감동적인 추억으로 기억하고
있습니다. 국경과 인종을 초월하여 세상의 모든 어머니들의 공통된 교감일 것입니다.
태교의 중요성을 함께 나누고 싶어 언젠가 태교에 관련된 글을 쓰리라 마음먹었는데
어느덧 두 자녀들이 성년이 되어 펜을 잡게 되었습니다.
태교는 감사와 축복기도로 시작됩니다.
성경의 역사는 생명으로 시작합니다. 세상을 창조하신 목적도 생명과 연결되어 있습니다.
한 생명을 무엇보다 귀하게 여기신 하나님의 사랑은 생명 존중이 얼마나 소중한 것인지
우리로 하여금 보호하고 지킬 것을 강조하신 하나님의 명령이기도 합니다.
생명이 생명을 낳고 그로 인하여 역사가 이어져 아름다운 세상을 꿈꾸게 합니다.
이 세상에 우연은 없습니다. 하나님이 지으신 모든 세계 속에 생명의 시작인 태아는
천하보다 귀합니다. 한 생명이 잉태되어 탄생함은 경이로움 그 자체요, 생명의 소중함과
신비로움은 하나님이 사람에게 허락한 축복 중에 축복입니다. 태아는 하나님의 계획속에
허락된 사랑의 결실인 것입니다. 인류의 소망은 새 생명에 달려 있습니다.
21세기 한국과 지구촌은 저 출산 문제로 국가적으로 사회적으로 많은 문제에 봉착해
있습니다. 하나님은 교회가 이 일에 한층 더 높은 기도를 요구하고 있습니다. 생명은
세상의 이기를 뛰어넘은 주님의 섭리입니다. 새로운 희망으로 생명의 소중함을 함께
나누고 산모를 위로하며 미래의 주역이 될 더 많은 아이들이 태어나 생명과 사랑으로
충만한 세상을 소망하고 축복합니다. 이 책이 출간되기까지 옆에서 함께 격려하고 도와준
큰 딸 성경, 둘째 하은, 그리고 신실한 믿음의 동역자들에게 감사를 드립니다.

Prologue

"주께서 내 내장을 지으시며 나의 모태에서 나를 만드셨나이다. 내가 주께 감사하옴은 나를 지으심이 심히 기묘하심이라 주께서 하시는 일이 기이함을 내 영혼이 잘 아나이다 내가 은밀한 데서 지음을 받고 땅의 깊은 곳에서 기이하게 지음을 받은 때에 나의 형체가 주의 앞에 숨겨지지 못하였나이다. 내 형질이 이루어지기 전에 주의 눈이 보셨으며 나를 위하여 정한 날이 하루도 되기 전에 주의 책에 다 기록이 되었나이다." -시편 139:13-16

"For you created my inmost being; you knit me together in my mother's womb. I praise you because I am fearfully and wonderfully made; your works are wonderful, I know that full well. My frame was not hidden from you when I was made in the secret place. When I was woven together in the depths of the earth, your eyes saw my unformed body. All the days ordained for me were written in your book before one of them came to be." -Psalms 139:13-16

Contents

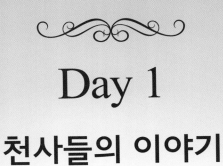

Day 1
천사들의 이야기

"내가 또 보고 들으매 보좌와 생물들과 장로들을 둘러 선
많은 천사의 음성이 있으니 그 수가 만만이요 천천이라"
- 요한계시록 5:11

Then I looked and heard the voice of many
angels, numbering thousands upon thousands,
and ten thousand times ten thousand.
They encircled the throne and the living
creatures and the elders.

- Revelation 5:11

태담
아기와의
사랑의 대화

사랑스런 아가야!

따스한 엄마 태중에서 잘 지내고 있니?

찬양소리가 들리니?

하나님의 사랑이 너를 감싸안고 있는 걸 느끼니?

엄마는 너를 축복하고 사랑해.

우리 아기는 모두의 기쁨이란다.

엄마는 이 순간 수많은 천사들의

축복의 노래 소리가 들리는거 같아,

하늘이 열리기 전에 땅이 생기기 전에

하늘나라에서 있었던 일을

엄마랑 이야기 여행을 떠나보자.

아주 먼 옛날 천국에서는 놀라운 일들이 있었어요.
천국은 햇빛보다 더 밝은 곳이에요.
항상 하나님을 찬양하는 노래 소리와 기쁨만이 가득 했어요.
하나님의 일을 도와주는 천사들이 수를 셀수 없을 만큼 많았어요.
하나님만을 경배하며 심부름을 하는 수많은 천사들이 있었지요.

모든 천사들은 하나님을 찬양하고 피조물들을 지키고 보호하라고 지음을
받았어요. 그 수가 얼마나 많던지 그룹별로 천사들의 대장들이 있었지요.
하나님 가장 가까이서 섬기는 스랍천사들과 그리고 그중에 가브리엘
천사장은 하나님의 기쁜 소식을 전달하는 천사들의 대장이었어요.

루시퍼는 하나님의 사랑을 듬뿍 받는 천사였지요.
하지만 서서히 루시퍼의 맘 속에는 교만이 싹트기 시작했어요.
루시퍼의 맘속에 있는 교만이 점점 자라나서 하나님을 대적하는
무서운 죄가 그만 루시퍼를 더이상 천국에 있을수 없게 만들고 말았어요.
"내가 높아지리라 하나님의 보좌에 앉으리라. 가장 높은 구름 위에 오르리라."

루시퍼의 마음을 알아버린 하나님은 루시퍼를 천국에서 쫓아냈어요.
루시퍼는 자기를 따르는 천사 삼분의 일을 데리고 천국에서 쫓겨났지요.
루시퍼는 부하들을 데리고 하나님이 가장 아름답게 만든 초록별,
지구에 내려와 창조 질서를 흐트려놓기 시작했어요.

Prayer for Blessings

태아를 위한 축복기도

사랑의 주님, 아름다운 우주를 만드시고 귀한 생명을 잉태하게 하시니
감사드립니다. 엄마의 태중에서 건강하게 하시고, 태아부터 좋은 성품의
자녀로 자라게 도와주세요. 이 세상의 모든 태아들도 축복해 주세요.
예수님의 이름으로 축복하며 기도드립니다. 아멘.

산모와 가정을 위한 축복기도

하나님 아버지, 감사드립니다. 산모와 가정을 축복하시니 감사드립니다.
하나님의 크고 놀라운 측량할 수 없는 사랑이 태아와 산모를 감싸 안고 있음을
감사드립니다. 산모의 건강을 지켜주세요.
이 세상의 모든 산모들도 건강으로 축복해 주세요.
예수님의 이름으로 축복하며 기도드립니다. 아멘.

"모든 천사들은 섬기는 영으로서 구원 받을 상속자들을
위하여 섬기라고 보내심이 아니냐"
- 히브리서 1:14
Are not all angels ministering spirits sent to
serve those who will inherit salvation?
- Hebrews 1:14

아기에게 쓰는 편지

Date   /   /

엄마의 일기

....

....

....

....

....

....

....

....

....

Date   /   /
....

Day 2
천지창조

"태초에 하나님이 천지를 창조하시니라"
- 창세기 1:1
In the beginning God created the heavens
and the earth.
- Genesis 1:1

태담
아기와의
사랑의 대화

아가야 들리니?

세상을 누가 창조했는지 아니?

이 세상에는 하나님이 만든 것들로 가득 차 있단다.

우리 아기가 세상에 태어나면 기쁘게 마주하게 될 엄마 아빠

그리고 사랑스런 아기는 하나님이 만드신 거란다.

푸른 하늘과 해와 달 그리고 밤하늘에 반짝이는 별들을 보게 될 거야.

넓은 벌판에 날아다니는 새들과 빨강 노랑 하얀

여러 가지 빛깔의 아름다운 꽃들도 우리 아기를 반갑게 맞이 할거란다.

졸졸졸 흐르는 시냇물에는 물고기 가족이 평화롭게 나들이를 하지.

숲속에는 사슴과 토끼가 달리기를 한단다.

아가야, 이 모든 것은 하나님이 우리 아기에게

허락한 축복이란다.

하나님은 성경에 세상을 창조하신 걸 말씀하고 계신단다.
첫째날에는 빛이 있으라 하시니 빛이 있었고 하나님이 보시기에 심히
좋았더라라고 말씀하셨어요. 하나님이 빛과 어둠을 나누시고 빛을 낮이라
부르시고 어둠을 밤이라 하셨어요.
둘째날에는 궁창을 만드시고 궁창 아래의 물과 궁창 위의 물로 나누시고
하늘을 만드셨어요.

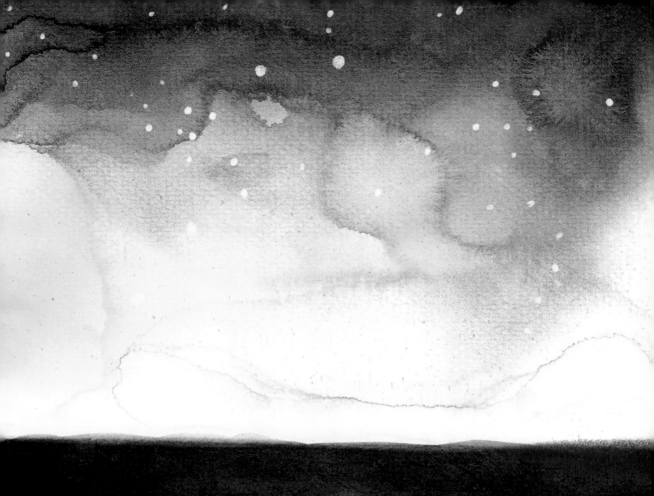

셋째날에는 천하에 있는 물들을 한곳에 모으고 그것을 바다라고 하셨어요.
그리고 물이 없는 곳을 땅이라 하셨지요.
땅에는 풀과 씨 맺는 채소와 맛있는 과일이 열리는 나무를 만드셨어요.
넷째날에는 해와 달과 별들을 만드시고 봄 여름 가을 겨울 사계절과
날과 해를 이루게 하셨어요.

다섯째날에는 생물들을 만드시고 여러 종류대로 하늘에 날아다니는
새와 바다에 물고기를 만드시고 생육하고 번성하라고 축복하셨어요.
여섯째날에는 다양한 짐승들을 만드시고 이 모든 것을 다스릴 사람을
만드셨어요. 하나님의 형상을 따라 남자와 여자를 창조하시고
번성하라고 명령하셨어요.

일곱째날에는 천지와 만물이 다 이루어진 날이에요. 하나님이 하시던 일을
다 마치시고 이날을 거룩하게 하시고 쉬셨어요.
하나님은 모든것들을 바라보시고 기뻐하시면서 축복하셨답니다.

아가야 어때 멋지지? 하나님은 창조자이시면서 과학자이고 예술가야.

Prayer for Blessings

태아를 위한 축복기도

사랑의 하나님 감사합니다.
아름다운 하늘과 땅, 여러 가지 동물과 새들과 꽃, 물고기를 만들어 주셔서
감사드립니다. 하나님께서 허락하신 모든 것들이 있는 아름다운 세상에
우리 아기를 축복의 선물로 보내주심을 감사드립니다. 하나님이 만든
세상에서 마음껏 뛰놀며 기쁘게 살아갈 수 있도록 도와주세요.
예수님의 이름으로 기도드립니다. 아멘.

산모와 가정을 위한 축복기도

사랑의 주님 감사드립니다. 귀한 생명을 저희에게 허락하셔서
감사드립니다. 태아의 생명이 얼마나 소중하고 놀라운 축복인지 말로
표현할 수 없을 만큼 감격스러워요. 아기를 축복하며 감사와 기도로
축복하게 하소서. 귀한 생명을 위해 늘 기도하게 하시고
아기에게 무엇보다 건강으로 함께 해주세요.
예수님의 이름으로 기도드립니다. 아멘

"하나님이 지으신 그 모든 것을 보시니
보시기에 심히 좋았더라"
- 창세기 1:31
God saw all that he had made,
and it was very good.
- Genesis 1:31

아기에게 쓰는 편지

....

....

....

....

....

....

....

....

Date   /   /

엄마의 일기

Date   /   /

31

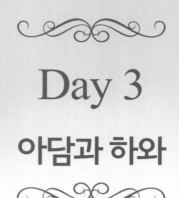

Day 3

아담과 하와

"하나님이 자기 형상 곧 하나님의 형상대로 사람을 창조하시되
남자와 여자를 창조하시고"

- 창세기 1:27

So God created man in his own image, in the image
of God he created him; male and female he created them.

- Genesis 1:27

태담
아기와의
사랑의 대화

예쁜 우리 아기야!

우리 아기는 왕자님일까? 공주님일까?

엄마 마음이 늘 설렘으로 상상을 한단다.

어떻게 생겼을까? 아빠를 닮았을까? 엄마를 닮았을까?

엄마는 왕자님이든 공주님이든

하나님이 허락하시는 대로 감사하기로 결정했어.

아담도 하와도 모두 하나님의 뜻대로

만드셨기 때문이야.

자, 그럼 인류의 조상

아담과 하와를 만나러 가자.

하나님이 모든 만물을 창조하시고
사람을 만드셨는데 그 이름은 아담과 하와였어요.
하나님은 아담과 하와에게 말씀하셨어요.
"동산에 있는 모든 과일은 먹되 동산 중앙에 있는
선과 악을 알게 하는 과일은 먹지 말거라."
선악을 알게 하는 나무는
하나님만이 가질수 있는
영광과 권위의 상징이였지요.
푸른하늘과 아름다운 동산에
온갖 멋진 것들은
하나님의 권위아래
있었어요 모든 피조물중에
하나님의 형상대로 지음을 받은
사람마져도 하나님의 영광과
권위에 복종하며 살도록
창조되었지요.

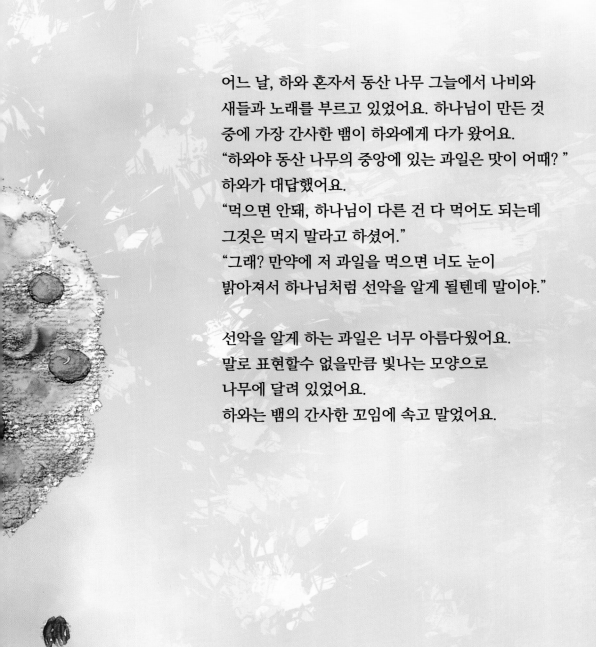

어느 날, 하와 혼자서 동산 나무 그늘에서 나비와
새들과 노래를 부르고 있었어요. 하나님이 만든 것
중에 가장 간사한 뱀이 하와에게 다가 왔어요.
"하와야 동산 나무의 중앙에 있는 과일은 맛이 어때?"
하와가 대답했어요.
"먹으면 안돼, 하나님이 다른 건 다 먹어도 되는데
그것은 먹지 말라고 하셨어."
"그래? 만약에 저 과일을 먹으면 너도 눈이
밝아져서 하나님처럼 선악을 알게 될텐데 말이야."

선악을 알게 하는 과일은 너무 아름다웠어요.
말로 표현할수 없을만큼 빛나는 모양으로
나무에 달려 있었어요.
하와는 뱀의 간사한 꼬임에 속고 말았어요.

하와가 그 순간 동산 중앙에 있는 나무의 과일을 보니 보암직도 하고 먹음직도 하여 그만 따먹고 말았어요. 그리고 남편 아담에게로 가져가서 그도 먹게 했어요. 하나님은 화가 나셨어요. 하나님은 약속을 어긴 아담과 하와에게 벌을 내렸어요. 아담은 평생 이마에 땀을 흘려서 농사를 지어야 했어요. 하와는 아기를 낳는 해산의 고통을 주셨어요.

"뱀, 너는 살아 있는 동안 흙을 먹고 배로 기어다니거라." 하나님이 만든 것 중 가장 간사한 뱀의 속임수로 아름답고 평화로운 동산에 그만 죄가 들어왔어요. 하나님은 마음이 너무 아팠어요. 하나님은 사람과 깨어진 관계를 회복하기 위해서 하나님의 아들 예수님을 보내기로 작정하셨어요.

Prayer for Blessings

태아를 위한 축복기도

사랑의 주님. 아름답고 평화로운 동산에서 행복하게 살도록
아담과 하와를 만드셨는데 그들이 불순종하여 하나님이 슬퍼하셨어요.
우리 아기는 하나님 말씀에 순종하게 도와주세요.
그리고 악한 꾀임에 넘어가지 않도록 하나님 말씀이 생각나게 해주세요.
예수님의 이름으로 기도드립니다. 아멘.

산모와 가정을 위한 축복기도

사랑의 주님, 불순종이 죄라는 걸 깨닫게 해주시니 감사드립니다.
산모와 가정이 주님 안에서 늘 겸손하게, 하나님 말씀에 순종하는
가정으로 축복해 주세요. 언제나 가정이 주님 앞에서
믿음의 본을 보여주는 삶이 되게 해주세요.
예수님의 이름으로 기도드립니다. 아멘

"내가 너로 여자와 원수가 되게 하고 네 후손도 여자와
원수가 되게 하리니 여자의 후손은 네 머리를
상하게 할 것이요. 너는 그의 발꿈치를 상하게
할 것이니라 하시고."

- 창세기 3:15

And I will put enmity between you and the woman,
and between your offspring and hers;
he will crush your head, and you will strike his heel.

- Genesis 3:15

아기에게 쓰는 편지

....

....

....

....

....

....

....

....

Date   /   /

엄마의 일기

Date   /   /

41

Day 4
노아 할아버지와 무지개

"노아는 의인이요 당대에 완전한 자라
그는 하나님과 동행하였으며"
- 창세기 6:9
Noah was a righteous man, blameless among
the people of his time, and he walked with God.
- Genesis 6:9

태담
아기와의
사랑의 대화

사랑스런 아가야!
오늘은 하루종일 비가 내렸단다.
비가 개인 후에 창문을 열고
하늘을 쳐다보니 빨주노초파남보 일곱 색깔
무지개가 둥근 반달모양으로 예쁘게 빛나고
있었단다. 엄마는 상상을 했단다,
저 예쁜 무지개 위를 걸어보고 싶다고 말이야
그런데 어떻게
저렇게 예쁜 무지개가 생긴 걸까?

아주 먼 옛날 어느 마을에 노아라는 할아버지가 살았어요, 이름의 뜻은 '안식',
'위로' 라는 뜻이래요. 노아할아버지는 늘 하나님과 동행하는 정직하고 의로운
사람이었지요. 그러나 사람들은 하나님을 떠나 죄와 함께 살았어요,
"하나님은 필요 없어, 우리가 하고 싶은 대로 할거야, 난 내 욕심대로 살거야."
하나님은 슬펐어요. "내가 모든 만물을 창조한게 후회스럽구나."
하나님은 물로 세상을 심판하시기로 작정하셨어요.
어느 날 하나님은 노아에게 높은 산에다 배를 만들라고 명령했어요.
노아는 하나님 말씀대로 산꼭대기에 배를 만들기 시작했어요.
사람들은 수군대기 시작 했어요.
"아니, 이렇게 화창한 날에 비도 오지 않는데 왜 배를 만들고 있지?
그리고 바다도 강도 아닌 왜 저 높은 산꼭대기에 배를 만드는 거야?
노아는 늙어서 정신이 나갔나봐. 하하하…"

그러나 노아는 사람들의 말에 대꾸도 하지 않았어요. 하나님이 말씀하신 것에
순종하며 땀을 뻘뻘 흘리면서 배를 만들기 시작했어요. 배가 완성된 후에
하나님은 노아가족과 동물 암수 한쌍 씩을 배에 태우라고 했어요. 모두 배에
오르자 비가 그칠 줄 모르고 계속 내렸어요. 세상의 모든 것들이 물에 잠겼어요.
아름다운 집들과 나무.그리고 들에 피어 있던 화사한 꽃들은 물에 잠겨서
사라지고 말았어요. 맛있게 차려놓은 음식도 더 이상 먹을수 없게 되었어요.
세상은 온통 물로 가득차서 희망도 사라졌어요. 하늘을 나는 새들도
지면에 먹을것이 없어 물위에 떠 다녔지요.
세상에 있는것은 오직 물밖에 없었지요. 사람들은 여기 저기서 소리치며
살려달하고 외쳤지만 하나님께 감사하지 않은 교만함으로 심판을 견디지 못했어요

큰 홍수로 모두 물에 잠긴 후에 노아가족만 살아남았어요.
노아가족은 방주안에서 보호를 받으며 평안했어요. 항상 하나님 말씀에
순종한 삶을 기쁘게 생각했지요. 그리고 결심했어요 앞으로도 하나님 말씀을
지킬것을 맹세했어요. 노아가족은 식사할때나 잠들때나 일어나 하루를
시작하기전에 하나님을 불렀어요.
이윽고 비가 그치자 노아가족들은 배에서 나와 하나님께 감사 기도를 드렸어요.
그때 하나님은 다시는 물로 심판하지 않겠다고 약속을 했어요.
약속의 표시로 무지개를 노아 가족에게 보여 주셨지요.
노아와 가족들은 무지개를 바라보면서 하나님을 찬양했어요.
하나님은 이전보다 노아가족의 수를 더 많이 허락하셨답니다.

Prayer for Blessings

태아를 위한 축복기도

사랑의 주님, 우리 아기가 세상에 태어나면 노아 할아버지처럼 하나님과
동행하며 의롭고 정직한 자녀가 되게 해주세요. 주님을 섬기며 이웃을
축복하는 주님의 귀한 자녀로 자라게 도와주세요.
세상에서 빛의 자녀로 정직하게 살아가게 해주세요.
예수님의 이름으로 기도드립니다. 아멘

산모와 가정을 위한 축복기도

하나님 감사합니다. 노아의 가정처럼 저희 가정도 주님의 축복을 받을 수
있도록 하나님과 동행하는 가정이 되게 도와 주세요. 주님이 주시는
평안과 기쁨으로 오늘도 행복한 하루가 되게 도와주세요.
예수님의 이름으로 기도드립니다. 아멘

"내가 내 무지개를 구름 속에 두었나니 이것이 나와
세상 사이의 언약의 증거니라"
- 창세기 9:13
I have set my rainbow in the clouds,
and it will be the sign
of the covenant between me and the earth.
- Genesis 9:13

아기에게 쓰는 편지

....

....

....

....

....

....

....

....

Date   /   /
....

엄마의 일기

Date   /   /

Day 5

하늘높이 쌓은 바벨탑

"온 땅의 언어가 하나요 말이 하나였더라"
- 창세기 11:1
Now the whole world had one language
and a common speech.
- Genesis 11:1

태담
아기와의
사랑의 대화

아가야,

엄마 아빠는 작년 여름에

동해안 바닷가로 여행을 떠났단다.

푸른 하늘아래 하얀 모래가

햇빛에 반짝반짝 빛나고 있었어.

엄마 아빠는 하얀 모래성을 쌓으면서 미래를 꿈꾸었단다.

하얀파도가 모래성을 덮쳐서 부서지기도 했지만

너무 재미있었단다.

아주 먼 옛날 바벨탑도 만들어보았단다.

노아 홍수 이후로 세상에는 많은 사람들이 생겼어요.
하나님은 사람들에게 많은 달란트를 선물했어요.
어떤 사람은 집짓는 건축가로, 어떤 사람은 옷을 만드는 디자이너로,
어떤 사람은 그릇을 만드는 예술가로 아름다운 세상을 만들기 시작했어요.
사람들은 너무 기쁘고 행복했어요.

그러나 점점 욕심이 생겼어요. "우리 여기서 멈출 수 없어",
"우리 다함께 힘을 모아 높은 바벨탑을 쌓아 저 하늘 꼭대기까지 이르자.
그러면 우리도 하나님처럼 높아 질거야." 사람들은 목소리를 높여서 외치기
시작했어요. "그래 우리 힘을 합해 높은 탑을 쌓아 하늘 꼭대기까지 이르자,
야호!" 하나님은 교만한 사람들을 그냥 두지 않으셨어요.

하나님은 언어를 다르게 하며 서로 무슨 뜻인지 못 알아듣게 했어요.
"저기 아저씨 큰 돌을 가져와요."
"여기요."
"아니 내가 큰 돌을 달라고 했는데 왜 망치를 주는거야?"
"망치 달라고 했잖아요, 왜 저한테 화를 내세요."
서로 싸우고 야단이 났어요.
바벨탑을 높게 쌓기로 시작한 일을 더 이상할 수 없게 되자,
사람들은 흩어지기 시작했어요.
하나님은 사람들의 교만함을 용납하지 않았어요.
창조주 하나님없이 살수 있을거라고 우쭐대던 사람들은 좌절과 고민에
빠졌어요 "하나님 살려주세요 용서해주세요"그러나 하나님 마음을
돌이키기에는 세상에 죄가 너무 가득차 있었어요.

하나님이 언어를 혼잡하게 하자 서로의 말뜻을 알아듣지 못하고
바벨탑 쌓는 일이 중단되었어요.
이때부터 각나라 언어가 달라졌지 뭐예요.
세상에는 수많은 나라와 수많은 인종과 서로 다른 언어가 있어요.
하지만 하나님은 모두가 서로 사랑하며 살기를 원하신답니다.

Prayer for Blessings

태아를 위한 축복기도

주님, 우리 아기가 욕심 부리지 않고, 주어진 삶에 감사하며 성실한 삶을
살게 해주세요. 사랑스런 아기가 건강하게 태어나서 부모님 말씀에
순종하여 착하고 순전한 믿음으로 자라게 축복해 주세요.
예수님의 이름으로 기도드립니다. 아멘

산모와 가정을 위한 축복기도

사랑의 주님, 우리 가정을 지켜주시니 감사드립니다. 주어진 삶에 최선을
다하고 감사하는 가정으로 항상 지켜주세요. 산모가 불안과 걱정을
떨쳐버리고 감사함으로 태교에 임하게 하시고 모든 식구들을 건강하게
지켜주세요. 예수님의 이름으로 기도드립니다. 아멘

"그러므로 그 이름을 바벨이라 하니 이는
여호와께서 거기서 온 땅의 언어를 혼잡하게 하셨음이니라
여호와께서 거기서 그들을 온 지면에 흩으셨더라"
- 창세기 11:9
That is why it was called Babel-because there
the LORD confused the language of the whole world.
From there the LORD scattered them
over the face of the whole earth.
- Genesis 11:9

아기에게 쓰는 편지

....
....
....
....
....
....
....
....

Date   /   /

엄마의 일기

Date   /   /

Day 6
믿음의 조상 아브라함

"여호와께서 아브람에게 이르시되 너는 너의 고향과
친척과 아버지의 집을 떠나 내가 네게 보여줄 땅으로 가라"
- 창세기 12:1

The LORD had said to Abram, "Leave your country,
your people and your father's household
and go to the land I will show you.
- Genesis 12:1

태담
아기와의
사랑의 대화

사랑스런 아가야!

네가 세상에 태어나면 제일 보여주고 싶은 것 중에

하나가 밤하늘에 빛나는 별이란다.

까만 밤하늘에 빛나는 별은

이 세상에서 제일 소중한 우리 아기처럼 빛나기 때문이야.

밤하늘에 셀 수 없는 별만큼 수많은 사람들이

지구촌에 살고 있단다. 이렇게 수많은 사람들은

믿음의 조상 아브라함에게

주님이 약속하신거란다.

유브라데강과 티그리스강 사이에 위치한 갈대아 우르라는 한 도시에
우상을 섬기는 가족이 살았어요. 아버지 데라는 우상을 만들어 파는 일을 했어요.
아브람은 그의 아들이었어요. 어느 날 하나님은 아브람에게 나타나셨어요.
"아브람아, 가나안 땅으로 이사를 가거라. 내가 너를 인도하리라."
아브람은 하나님의 명령을 따라 이사를 했어요.

아브람은 예쁜 아내 사라와 함께 행복하게 살고 있었지요. 그런데 아기가 없어서
걱정이 많았어요. 고민에 빠진 아브람에게 하나님이 또 나타나셨어요.
"아브람 내가 너에게 아들을 주겠노라",
"제가 나이가 많아 아이를 낳을 수 없어요." 밖에서 이 소리를 들은 사라는
"뭐라구요? 하나님, 우리는 다 늙었어요." 하고 속으로 웃었어요.

하나님은 어느날 밤 아브람을 불렀어요.
"아브람아 밖으로 나와봐라
저 밤하늘에 보이는 수많은 별들이 보이느냐"
"아 네 보여요 하나님",
"그래 셀 수 없는 많은 별들처럼 너로 하여금 큰 민족을 이루게 하리라"
아브람은 그렇게 하실
하나님을 바라보며 믿었어요.

그렇게 얼마의 시간이 흐른뒤 아내 사라가 아브람에게 기뻐하며 말했어요.
"아브람, 제가 임신을 했어요" 아브람의 나이는 100세
사래나이는 무려 90 세에 아기를 낳았어요.
"하나님 감사합니다 약속하신 것을 신실하게 이루심을 찬양합니다"
아브람은 끝까지 하나님을 신뢰함으로 믿음의 조상이 되었어요.
하나님은 아브람의 이름을 열국의 아버지의 뜻을 가진 아브라함으로
바꾸어주셨어요, 사래도 열국의 어머니 라는 뜻을 가진 사라로 이름 바꾸어
주셨어요. 웃음이라는 뜻을 가진 이삭이 탄생했어요. 이삭은 장차 자라서
믿음의 자녀로 부모를 기쁘게 하였답니다.

Prayer for Blessings

태아를 위한 축복기도

사랑의 주님, 아브라함은 하나님의 말씀을 믿고 따름으로 믿음의 사람이
되었어요. 우리 아기도 아브라함처럼 믿음의 사람이 되어 가정과 나라와
열방을 축복하는 자녀로 자라게 해주세요.
예수님의 이름으로 기도드립니다. 아멘

산모와 가정을 위한 축복기도

하나님 아버지, 감사드립니다. 아브라함이 하나님을 믿으니 이것을 의로
여기신 하나님. 산모와 가정을 축복하시고 아브라함처럼 믿음의 가정으로
인도해 주세요. 더 많은 자녀로 풍성케 해주세요.
예수님의 이름으로 기도드립니다. 아멘

"그를 이끌고 밖으로 나가 이르시되 하늘을 우러러
뭇별을 셀 수 있나 보라. 또 그에게 이르시되
네 자손이 이와 같으리라"
- 창세기 15:5
He took him outside and said,
"Look up at the heavens and count the stars if indeed
you can count them." Then he said to him,
"So shall your offspring be."
- Genesis 15:5

아기에게 쓰는 편지

....

....

....

....

....

....

....

....

....

Date   /   /

엄마의 일기

Date   /   /

Day 7
온유한 성품의 이삭

"그들이 이르되 여호와께서 너와 함께 계심을 우리가 분명히
보았으므로 우리의 사이 곧 우리와 너 사이에 맹세하여
너와 계약을 맺으리라 말하였노라"
- 창세기 26:28

They answered, "We saw clearly that the LORD was
with you; so we said, 'There ought to be a sworn agreement
between us'-between us and you. Let us make a treaty with you
- Genesis 26:28

태담
아기와의
사랑의 대화

사랑스런 우리 아가야!

세상에 존재 하는 많은 사람들은 각자 고유한

성품을 가지고 있단다. 엄마가 오늘 들려줄 성경의 인물

이삭은 온유한 사람이였단다. 하나님 말씀과 부모님의 말씀에

순종하는 온유한 성품을 소유하는 자녀로 성장하길 기도한단다.

예수님은 "나는 온유하니 내게 와서 배우라." 이렇게 말씀하셨어.

그만큼 온유한 성품은 귀한 거란다. 온유한 성품은 이웃을

사랑하고 용서하는 마음이란다.

이제 이삭을 만나러 갈까요?

100세에 아브라함이 낳은 이삭은 무럭무럭 씩씩하게 자랐어요.
그리고 아름답고 상냥한 리브가와 결혼해서 예쁜 자녀들을 낳고
행복하게 살았어요. 그런데 기근이 들어 먹을 양식이 없어지자 가족을
데리고 다른 곳으로 이사를 했어요. 이삭이 거주한 지방은 물이 귀해서
우물을 파는 일은 너무나 중요한 일이었어요. 이삭은 우물을 파기 시작했어요.
하나님을 의지하는 이삭이 파는 곳마다 물이 터졌어요.
이를 지켜보던 그 나라 사람들은 은근히 질투를 하기 시작했어요.

"이삭이라는 사람이 파는곳 마다 물이 나온대."
사람들은 서로 수군거리기 시작했지요.
"뭐라구 남의 나라에서 판 우물이니까 그건 우리 우물이야."
사람들이 한두 명 모여들기 시작하면서 우물을 달라고 이삭을
괴롭히기 시작했어요. 하지만 이삭은 조용히 무릎을 꿇었어요.

이삭은 조용히 묵상 하였답니다.
세상의 모든것을 창조하신 하나님,
하늘의 해와 달 별들을 다스리는 하나님,
사람을 창조하시고 번성하고 충만하라고
명령하시고 축복하신 하나님,
우리의 생명되신 하나님을 떠올리며 미소를 지었어요.

이삭은 하나님께 기도했어요. "하나님 저와 함께 하셔서 축복을 주셨어요.
이 우물을 이웃에게 주겠어요. 다른 곳에서도 우물을 허락하실 줄 믿어요."
온유한 이삭은 사람들과 다투지 않고 조용히 장소를 옮겼어요.
아브라함과 사라가 나이가 많아 믿음으로 태어난 이삭은 모리아산에서
하나님을 예배하고 순종하면서 온유한 성품의 자녀로 어른이 되었지요.
이삭은 하나님말씀과 아버지 아브라함의 말씀에 순종하므로 복을 벋았어요.
그리고 사람들애게 사랑을 벋았지요. 언제나 어디서나 하나님을 찬양하며
믿음으로 승리하는 멋진 예배자의 삶을 살았어요. 이삭은 모두를 기쁘게
하였어요. 이런 이삭애게 하나님은 결코 상을 잊지 않으셨지요.

마침내 이삭은 하나님의 축복으로 그 땅에서 거부가 되었어요.
이 광경을 지켜보던 사람들은 더 이상 이삭을 괴롭히지 않았어요.
하나님이 이삭과 함께 함을 보고 사람들은 화해를 하자고
정중히 인사를 했어요. 이삭은 하나님께 감사의 기도를 드렸답니다.

Prayer for Blessings

태아를 위한 축복기도

사랑의 주님, 감사드립니다. 온유한 성품으로 하나님의 축복을 받은
이삭처럼 우리 아기도 온유한 성품으로 이웃의 잘못을 용서하는 사람으로
자라게 해주세요. 축복의 통로로 쓰임받는 믿음의 사람이 되게 해주세요.
예수님의 이름으로 기도드립니다. 아멘

산모와 가정을 위한 축복기도

하나님 아버지, 감사드립니다. 이웃을 네 몸과 같이 사랑하라고 하신 주님,
이웃의 잘못과 실수를 용서함으로 주님이 주시는 놀라운 축복을 경험하는
믿음의 가정으로 축복해주세요. 이삭처럼 하나님을 끝까지 신뢰함으로
산모도 잘 견딜 수 있도록 믿음주세요. 예수님의 이름으로 기도드립니다. 아멘

"악에게 지지 말고 선으로 악을 이기라"
-로마서 12:21
Do not be overcome by evil,
but overcome evil with good.
- Romans 12:21

아기에게 쓰는 편지

Date   /   /

엄마의 일기

Date   /   /

Day 8
천사와 씨름에서 이긴 야곱

"그가 이르되 날이 새려하니 나로 가게 하라 야곱이 이르되
당신이 내게 축복하지 아니하면 가게 하지 아니하겠나이다"
- 창세기 32:26

Then the man said, "Let me go, for it is daybreak."
But Jacob replied, "I will not let you go unless you bless me."
- Genesis 32:26

태담
아기와의
사랑의 대화

사랑스런 아가야!

오늘 아침 햇살이 환하게 우리에게 들어와

우리 아기와 엄마를 따스하게 감싸고 있구나.

하나님의 사랑의 손길을 대신해서 햇살이 온거야.

엄마는 지금 한손에는 따뜻한 차를, 한손에는

성경책을 넘기면서 읽고 있단다.

성경에는 많은 믿음의 사람들이 있단다.

그런데 야곱은 하나님과 겨루어서 이겼단다.

위험에 닥쳤을때 기도로 승리한

멋진 믿음의 사람이란다.

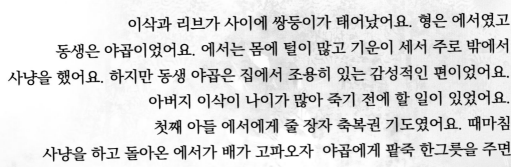

이삭과 리브가 사이에 쌍둥이가 태어났어요. 형은 에서였고
동생은 야곱이었어요. 에서는 몸에 털이 많고 기운이 세서 주로 밖에서
사냥을 했어요. 하지만 동생 야곱은 집에서 조용히 있는 감성적인 편이었어요.
아버지 이삭이 나이가 많아 죽기 전에 할 일이 있었어요.
첫째 아들 에서에게 줄 장자 축복권 기도였어요. 때마침
사냥을 하고 돌아온 에서가 배가 고파오자 야곱에게 팥죽 한그릇을 주면
장차 축복권을 넘겨주겠다고 했어요.
야곱은 하나님의 축복권을 받고 싶어서
에서에게 팥죽 한 그릇을 주면서
장자 축복권을 받아냈어요.

에서는 시간이 지날수록 야곱이 미워졌어요.
"야곱, 배고픈 순간을 이용해
나의 장자 축복권을 가져갈수 있어?,
언젠가는 혼내줄거야."
에서의 속마음을 알아버린
어머니는 평소에 나약한 야곱을
외삼촌 라반 집에 보냈어요.
야곱은 삼촌 라반의 집에서 20년간
종살이를 원망하지 않고 끝까지 잘 극복한 결과
부자가 되었어요.
이제는 고향으로 돌아가야 할 시간이 되었어요.
사랑하는 아내 라헬을 비롯하여
자녀들과 하인들을 데리고
외삼촌 집을 떠나기로 했어요.

야곱은 고향을 향해 가는 길에 에서가 많은 군사들을 데리고 야곱을
만나러 온다는 소식을 듣고 야곱은 서서히 겁이 나기 시작했어요. 야곱은
기도하기 시작했어요. "하나님 내게 은혜를 베풀어주소서. 내 주께
간구 하오니 형 에서의 손에서 나를 건져주소서…" 밤이 되자 한 천사가
나타나 야곱과 밤새 씨름을 하게 되었어요. 야곱은 허벅지 뼈가 부러지는
것도 모르고 천사와 씨름을 했어요. 날이 밝아오자 천사가 야곱을 이기지
못함을 알고 "나로 가게 하라.", "저를 축복해주기 전에는 못가요, 지금
죽을 지경에 놓였어요." 천사가 대답했어요. "네 이름이 무엇이냐?" . "
제 이름은 야곱입니다.", "이제는 네 이름이 야곱이 아니라 이스라엘이라
하리라." 이는 사람이 하나님과 겨루어 이겼다는 뜻이예요.

날이 밝자 군대를 거느린 형 에서와 만났어요. 야곱은 에서를 보자마자
예의를 차려서 정중히 절을 올렸어요.
그러자 에서가 달려와 동생 야곱의 목을 끌어안고 울기 시작했어요.
"사랑하는 아우야 그동안 고생이 많았구나! 우리 이제 서로 사랑하며
살자꾸나." 야곱은 생각했어요. 이 모든 것이 하나님께 밤새 씨름하며 간절히
기도한 덕분이라는 걸요. 그리하여 형 에서의 마음이 바뀐것을 알게 되었지요.
야곱은 너무 기쁘고 행복했답니다.

Prayer for Blessings

태아를 위한 축복기도

하나님 감사해요. 야곱이 어려울 때 주님께 진심으로 기도하여 고난을
이겨낸 것처럼, 우리 아기도 이 세상을 살아갈 때 어려움을 기도로 잘 이겨
나갈 수 있도록 기도의 사람이 되게 해주세요. 또 서로 형제끼리 사이좋게
지낼 수 있도록 축복해주세요. 예수님의 이름으로 기도드립니다. 아멘

산모와 가정을 위한 축복기도

사랑의 주님, 우리 산모가 산고를 잘 견딜수 있도록 도와주세요.
고통을 기도로 잘 극복할 수 있도록 믿음을 허락해주세요.
우리 가정에 어려운 문제가 생길 때마다 야곱처럼 기도하여
주님의 사랑을 체험하게 도와주세요.
예수님의 이름으로 기도드립니다. 아멘

"주께서 심지가 견고한 자를 평강하고 평강하도록
지키시리니 이는 그가 주를 신뢰함이니이다."
- 이사야 26:3
You will keep in perfect peace him
whose mind is steadfast,
because he trusts in you.
- Isaiah 26:3

아기에게 쓰는 편지

Date   /   /

엄마의 일기

Date   /   /

91

Day 9
노예로 팔려간 요셉

"요셉은 노년에 얻은 아들이므로 이스라엘이 여러 아들들보다
그를 더 사랑하므로 그를 위하여 채색옷을 지었더니"
- 창세기 37:3
Now Israel loved Joseph more than any of his other sons,
because he had been born to him in his old age;
and he made a richly ornamented robe for him.

- Genesis 37:3

태담
아기와의
사랑의 대화

사랑하는 아가야!

엄마는 한적한 시골에서 태어났단다.

봄에는 진달래가 온통 마을을 핑크빛으로 물들이고,

여름에는 시냇가에서 친구들과 물장구를 치고,

가을에는 울긋불긋 단풍으로 예쁘게 수를 놓고,

겨울에는 하얀 눈꽃으로 온 동네를 환하게 비추는

산골에서 살았단다. 할머니는 십남매를 낳으셨어.

엄마는 다섯째인데 아직도 할머니는 막내를 제일 이뻐하시고

걱정하신단다 왜냐하면 제일 약하다고 생각하시기 때문이야.

그런데 성경에도 약한 요셉이 오직 하나님만을

의지하므로 믿음의 부자가 되었단다.

옛날에 어느 마을에 야곱이라는 할아버지가 살았어요.
야곱은 노인이 되어 막내 아들을 낳았어요.
"아이구! 내 새끼. 정말 사랑스럽구나."
야곱은 비싼 채색옷을 요셉에게만 만들어 입혔어요.
어느 날 요셉은 꿈을 꾸게 되었어요. 요셉의 곡식단이 일어나자
형들의 곡식단이 요셉의 곡식단에 절을 하는 꿈을 꾸었어요.
요셉이 지난밤에 꾼 꿈을
형들에게 얘기하자 형들은 화가 났어요.
아버지의 사랑을 독차지하는 요셉이 더 미워졌어요.

형들은 음모를 꾸미기 시작했어요. "안되겠다 이렇게 하다간 아버지의 사랑이
모두 요셉에게 가겠는걸. 우리가 요셉을 애굽 상인에게 팔아버리자."
들판에서 양을 치던 요셉은 형들의 속임수에 넘어가 그만 이웃나라에
노예로 팔려갔어요. 요셉은 왕의 신하인 보디발의 집에서 노예로 일하면서
하나님만을 열심히 섬겼어요. 그런데 보디발의 아내는 요셉에게
억울한 누명을 씌어 감옥에 집어 넣었어요.

"요셉 너 참 잘생겼구나 나의 남편은 항상 바빠서 집에 없는데
마침 잘되었구나. 네가 오늘 나의 남편이 되어주지 않겠느냐?"
보디발은 어린 요셉을 잘못된 길로 이끌었어요.
"안돼요! 저는 하나님의 자녀인걸요! 하나님은 죄를 미워하세요!"
보디발은 요셉의 거절에 상관없이 따라다니며 괴롭혔어요.
보디발은 화가 났어요. "감히 노예 주제에 나의 명을 거역하다니
내가 너에게 누명을 씌워 감옥에 쳐넣고 말것이다!".

하지만 요셉은 하나님께 기도했어요.
"하나님 감사해요. 제가 억울하게 여기에 있지만 언젠가 아버지와 형들을
만나게 도와주세요." 하나님은 요셉의 기도를 들어주셨어요. 왕이 꿈을
꾸었는데 아무도 그 꿈을 해석하지 못하자 요셉이 그 꿈을 해석했어요.
바로왕은 요셉에게 "요셉, 내가 오늘부터 너를 이 나라에 총리로 세우겠노라."
요셉은 기뻤어요. 그리고 요셉이 다스리는 나라는 부자가 되었어요.

하지만 형들이 사는 나라는 기근이 들어 요셉이 있는 나라에 곡식을
구하러 왔어요. 형들을 알아본 요셉은 형들을 용서하고 안아 주었어요.
"요셉아 미안해 지난날 너를 노예로 팔아버린 것을 용서해다오."
"아닙니다, 이렇게 하나님이 저에게 복을
준 것은 다 형님들을 위함인걸요."
그리고 고향에서 요셉을 그리워하며
슬픔에 잠긴 아버지에게도
기쁜 소식을 전했어요.

Prayer for Blessings

태아를 위한 축복기도

사랑의 주님, 사랑스런 우리 아기도 요셉처럼 어떠한 고난 속에서도
주님만을 바라보며 죄의 유혹에 넘어가지 않게 도와주세요.
요셉처럼 원수를 갚지 않게 해주세요. 용서와 사랑으로 우리 아기가
세상에서 살아 갈 수 있도록 힘을 더하여 주시옵소서.
예수님의 이름으로 기도드립니다. 아멘

산모와 가정을 위한 축복기도

하나님 아버지 감사드립니다. 저희가 이웃을 용서하지 못하고 미워했던
것를 용서해주세요. 그리고 사랑을 실천하지 못하고 비판하고 정죄했던
것을 용서해주세요. 요셉처럼 남을 용서하고 사랑하는
복된 가정으로 축복해주세요.
예수님의 이름으로 기도드립니다. 아멘

"그런즉 나를 이리로 보낸 이는 당신들이 아니요
하나님이시라 하나님이 나를 바로에게 아버지로 삼으시고
그 온 집의 주로 삼으시며 애굽 온 땅의
통치자로 삼으셨나이다"
- 창세기 45:8

"So then, it was not you who sent me here, but God.
He made me father to Pharaoh, lord of his entire household
and ruler of all Egypt.
- Genesis 45:8

아기에게 쓰는 편지

Date   /   /

엄마의 일기

....

....

....

....

....

....

....

....

....

Date   /   /

....

Day 10

바구니속의 아기 모세

"그 아기가 자라매 바로의 딸에게로 데려가니 그가 그의 아들이 되니라
그가 그의 이름을 모세라 하여 이르되 이는 내가 그를 물에서
건져내었음이라 하였더라"
- 출애굽기 2:10

When the child grew older, she took him to Pharaoh's
daughter and he became her son. She named him Moses, saying,
"I drew him out of the water."
- Exodus 2:10

태담
아기와의
사랑의 대화

아가야 안녕!

엄마 품속에서 잘 먹고 무럭무럭 잘 자라고 있지?

많은 아기들 중에서 우리 아기를 선택해서

엄마에게 보내준 예수님께 감사해.

그리고 우리 아기에게도 고마워.

모두 주님의 손길이 함께하신단다. 우리 아기가 세상에 태어나면

아장아장 걸음마부터 유년기를 지나 청년기,

장년기에 이르기까지 하나님이 선하게 인도하실거란다.

하나님은 좋으신 분이기 때문이야.

모세는 어려서부터 많은 고난이 있었지만 이스라엘 백성을

구하는 훌륭한 지도자가 되었단다. 우리 아기도 주님이 모세와

함께 했던 것처럼 함께 하신단다. 사랑해!

이집트에 장차 이스라엘의 멋진 지도자가 될 아기가 태어났어요.
이방나라에서 태어났기는 했지만 그는 하나님의 백성이었어요.
이집트에는 노예로 팔려온 이스라엘 백성들이 많이 살았어요.
하나님을 알지 못하는 이집트 왕은 이스라엘 백성의 숫자가 늘어나자
겁이 나기 시작했어요. 그리고 이스라엘 백성들을 괴롭히기 시작했어요.

어느 날 왕은 명령했어요. "여봐라 지금부터 이스라엘 민족의 사내아이가
태어나면 모두 죽여야 하느니라." 하나님을 믿는 한 아기엄마는 이 소식을
듣고 슬픔에 잠기게 되었어요. "어떻게 하지? 하나님, 저에게 지혜를 주세요."
아기엄마는 생각했어요. 그리고 모두가 잠든밤 아기를 바구니에 넣어
나일강에 띄웠어요. "하나님 제발 우리 아기를 보호해 주세요. 살려주세요."
아기 엄마는 믿음의 어머니 요게벳이었어요. 아기가 들어있는 바구니는
물살을 해치고 어디론가 떠내려가기 시작했어요.
바구니는 물을 따라 나일강 줄기에 있는 왕궁에 도착했어요.

이른 아침에 강가에 산책을 나온 이집트 공주가 바구니를 발견했어요.
"저기 저 바구니는 무엇이냐, 바구니에 무엇이 들어 있는지 궁금하구나."
하인들에게 바구니를 가져오라고 했어요.
바구니를 열자마자 귀여운 사내아이가 방긋 웃고 있는 거예요.
"너무 귀엽구나! 때마침 잘됐다, 자식이 없는데 내가 이 아기를 키워야겠구나."
공주는 아기가 맘에 들었는지 바구니에서 아기를 번쩍 들어 안았어요.
"물에서 건져냈으니 아기의 이름을 모세라고 지어야겠다."

그렇게 모세는 왕궁에서 왕자가 되어 모든 사람들의 사랑을 받으며 자랐어요.
모세는 장차 자라서면서 이집트에서 노예로 사는
이스라엘 백성들의 고통과 시련를 알게 되었어요.
어느날 하나님은
호렙산 가시떨기나무 아래서 모세를 부르셨어요.
"내 백성 이스라엘 민족을 젖과 꿀이
흐르는 가나안땅으로 인도하는데
너를 사용할것이다."
모세는 하나님의 부르심을 받고
하나님의 백성들을 구출하기로 마음먹었어요.
모세는 수많은 시련 속에서 믿음을
잃지 않고 억압과 핍박을 받는
하나님의 백성들을 구출했어요.
모세는 이스라엘 민족의 지도자로
하나님께 귀하게 쓰임을 받았답니다.

Prayer for Blessings

태아를 위한 축복기도

사랑의 주님, 감사드려요. 모세를 보호해주신 주님 우리 아기도
보호해주세요. 그리고 모세처럼 고통받는 사람들을 도와주는
용기있는 믿음의 사람으로 귀하게 쓰임받는
사람으로 자라게 도와주세요.
예수님의 이름으로 기도드립니다. 아멘

산모와 가정을 위한 축복기도

하나님 아버지 감사드립니다. 모세 어머니처럼 어려움이 닥칠 때
실망하거나 낙심하지 않고 하나님께 지혜를 구하는 어머니가 되게
해주세요. 어려움을 잘 극복하여 신실하신 하나님의 사랑을
바라볼수 있도록 도와주세요.
예수님의 이름으로 기도드립니다. 아멘

"여호와는 나의 목자시니 내게 부족함이 없으리로다"
- 시편 23:1

A psalm of David. The LORD is my shepherd,
I shall not be in want.

- Psalms 23:1

아기에게 쓰는 편지

Date   /   /

엄마의 일기

Date   /   /

Day 11

돌판에 새겨진 십계명

"여호와께서 그의 언약을 너희에게 반포하시고 너희에게 지키라
명령하셨으니 곧 십계명이며 두 돌판에 친히 쓰신 것이라"
- 신명기 4:13
He declared to you his covenant, the Ten Commandments,
which he commanded you to followand then
wrote them on two stone tablets.
- Deuteronomy 4:13

태담
아기와의
사랑의 대화

사랑하는 아기야!

밤새 엄마 태중에서 어떤 꿈을 꾸었니?

엄마는 우리 아기를 위해 꿈속에서도 기도했단다.

너는 우리의 기쁨이란다. 하나님 나라에 질서가 있는걸

천사이야기에서 들었지? 세상도 마찬가지야,

그래서 하나님의 백성들에게 세상에서 어떻게 살아야 하는지

열가지 계명을 모세를 통해 주셨단다.

우리 아기가 세상에 나와 이 법을 따라 살 때에

하나님이 함께 하시고 축복해 주실거야.

계명은 어렵고 힘든게 아니라 우리를

보호해주는 울타리와 같은 거란다.

모세는 용기있는 믿음으로 포악한 이집트왕을 하나님을 의지하여
무너뜨렸어요. 이스라엘 백성들을 이끌고 홍해를 건너 드디어 젖과 꿀이
흐르는 가나안 땅을 향해 걷기 시작했어요. 가는 길에는 많은 시련이
있었어요. 배도 고프고 갈증도 나기 시작했어요. 사람들은 하나님을 향하여
원망하고 불평하기 시작했어요. 모세는 백성들을 위해 하나님께 기도했어요.
하나님은 그때마다 만나를 하늘에서 내려주셨지요.
메추라기떼도 일용한 양식으로 보내주셨어요.

그러나 중요한 건 젖과 꿀이 흐르는
축복의 땅에 들어가기 전에
하나님의 법부터 알아야 했어요.
하나님은 호렙산으로 모세를 불러
40일 동안 함께 있었어요.
그리고 돌판에 반드시
하나님 나라의 백성들이 지켜야할
열가지 법을 새겨주셨지요.
열가지법, 십계명은
하나님 사랑과
이웃 사랑의 법이랍니다.

제1계명 하나님만을 섬기며 다른 신을 섬기지 말라.
제2계명 우상을 만들지 말고 섬기지 말라.
제3계명 하나님의 이름을 헛되이 부르지 말라.
제4계명 안식일을 거룩히 지켜라.
제5계명 네 부모를 공경하라.
제6계명 살인하지 말라.
제7계명 간음하지 말라.
제8계명 도둑질 하지 말라.
제9계명 거짓말 하지 말라.
제10계명 이웃의 것을 탐내지 말라.

Prayer for Blessings

태아를 위한 축복기도

사랑의 주님, 사랑스런 우리 아기가 태어나면 어떻게 살아야 하는지
하나님의 법을 가르쳐주셔서 감사드립니다. 하나님 사랑, 이웃 사랑을
실천 할 수 있도록 축복해 주세요. 무엇보다 우리 아기가 십계명을 따라
사랑스런 주님의 자녀로 자라게 도와주세요.
예수님의 이름으로 기도드립니다. 아멘

산모와 가정을 위한 축복기도

아버지 감사드립니다. 하나님을 사랑하고 이웃사랑을 실천하는 저희
가정이 되게 해주세요. 우리 아기가 하나님 사랑과 이웃을 섬기는 귀한
가정에서 행복하게 자랄 수 있도록 지켜주세요.
예수님의 이름으로 기도드립니다. 아멘

"그런즉 우리가 믿음으로 말미암아 율법을 파기하느냐
그럴 수 없느니라 도리어 율법을 굳게 세우느니라"
- 로마서 3:31
Do we, then, nullify the law by this faith?
Not at all! Rather, we uphold the law.
- Romans 3:31

아기에게 쓰는 편지

Date   /   /

엄마의 일기

....

....

....

....

....

....

....

....

....

Date   /   /
....

Day 12

여호수아와 갈렙

"내가 네게 명령한 것이 아니냐 강하고 담대하라 두려워하지 말며
놀라지 말라 네가 어디로 가든지 네 하나님 여호와가
너와 함께 하느니라 하시니라"
- 여호수아 1:9

Have I not commanded you? Be strong and courageous.
Do not be terrified; do not be discouraged, for the LORD your
God will be with you wherever you go."
- Joshua1:9

태담
아기와의
사랑의 대화

사랑하는 아가야

세상에는 긍정적으로 밝고,

환하게 사는 사람도 있고

항상 원망하고 불평만 하고

남의 탓만 하고 있는 사람들도 있단다.

우리 아기는 항상 모든 사람들을 축복하는

긍정적인 믿음의 소유자로 자라길 기도해.

이웃과 더불어서 사랑을 나누며

서로 축복하며 섬기는

그런 사람이 주님이

기뻐하신다는 사실을 기억하렴.

영차 영차. 여호수아와 갈렙과 열 명의 정탐꾼들은 가나안 땅을 향해 걷기
시작했어요. 모세가 이스라엘 백성들에게 가나안에 들어가기 전에 정탐하고
오라고 명령했기 때문이예요. 땀을 흘리며 가나안 땅에 들어간 정탐꾼들은
큰 성에 있는 거인들을 보고 무서워 떨기 시작했어요.

"아이쿠! 우리가 여기에 오면 메뚜기 같겠는걸…"
40일 동안 정탐하고 돌아온 정탐꾼들은 모세에게 말했어요.
"가나안 땅은 하나님이 말씀하신 대로 젖과 꿀이 흐르는 땅이었답니다.
과일도 주렁주렁 달렸고, 식물들이 잘 자라는 옥토였습니다.
그러나 많은 우상들과 거인들이 살고 있어서
무서워서 못 살것같습니다."

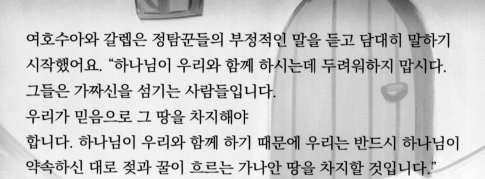

여호수아와 갈렙은 정탐꾼들의 부정적인 말을 듣고 담대히 말하기
시작했어요. "하나님이 우리와 함께 하시는데 두려워하지 맙시다.
그들은 가짜신을 섬기는 사람들입니다.
우리가 믿음으로 그 땅을 차지해야
합니다. 하나님이 우리와 함께 하기 때문에 우리는 반드시 하나님이
약속하신 대로 젖과 꿀이 흐르는 가나안 땅을 차지할 것입니다."

하나님은 여호수아와 갈렙의 긍정적인 믿음을 보고 크게 기뻐했어요.
이집트에서 가나안까지의 거리는 일주일하고 조금 더 걸리는
거리였어요. 하지만 이스라엘 백성들은 원망과 불평으로 인하여
40년을 광야서 힘겹게 보내야 했어요. 하나님은 더 이상 지체할 수가
없었어요. 결국은 믿음의 사람 여호수아와 갈렙, 그리고 하나님을
믿고 따르는 이스라엘 백성들의 자녀들만이 젖과 꿀이 흐르는 가나안 땅
으로 들어갈 수 있었답니다.

Prayer for Blessings

태아를 위한 축복기도

사랑의 주님, 주님의 사랑을 잊지 않고 늘 기억하게 하소서.
항상 긍정적인 마음의 소유자가 되게 해주시고 긍정적인 눈을 주셔서
우리 아기가 늘 기쁘고 밝게 세상을 살아 갈 수 있도록 도와주세요.
예수님의 이름으로 기도드립니다. 아멘

산모와 가정을 위한 축복기도

주님 감사드립니다. 귀한 생명을 허락해 주셔서 감사드립니다.
산모에게 긍정의 믿음을 주시고 긍정적인 사고로 늘 기쁘게 살아가게
하소서. 밝고 환한 믿음의 가정으로 축복하시고
주님과 함께 늘 동행하는 가정으로 축복해주세요.
예수님의 이름으로 기도드립니다. 아멘

"하나님이 우리에게 주신 것은 두려워하는 마음이 아니요
오직 능력과 사랑과 절제하는 마음이니"
- 디모데후서 1:7
For God did not give us a spirit of timidity, but a spirit
of power, of love and of self-discipline.
- 2 Timothy1:7

아기에게 쓰는 편지

....

....

....

....

....

....

....

....

Date   /   /
....

엄마의 일기

Date   /   /

131

Day 13

일어나라 기드온 용사여!

"여호와의 사자가 기드온에게 나타나 이르되 큰 용사여
여호와께서 너와 함께 계시도다 하매"
- 사사기 6:12

When the angel of the LORD appeared to Gideon,
he said, "The LORD is with you, mighty warrior."
- Judges 6:12

태담
아기와의
사랑의 대화

아가야,

오늘 맑은 하늘에 솜사탕 같은 흰 구름이 뭉실뭉실 떠있단다.

얼마나 귀엽고 아름다운지 꼭 우리 아기를 닮은거 같아.

어떤 날은 시커먼 구름이 잔뜩 낀 날도 있단다.

그때는 마음도 울적해지기도 해, 하지만 오늘같이

좋은 날을 기대하면서 감사로 극복을 하지.

오늘 엄마랑 만날 친구는 기드온이야.

기드온은 자신의 약한 모습을 보고 절망했어.

하지만 하나님께 새힘을 얻고 믿음의 용사가 되었단다.

가나안 땅에서 행복하게 살게 된 이스라엘 백성들은 교만해지기
시작했어요. 그만 하나님의 은혜를 잊고 말았어요.
"우리는 하나님이 없어도 살 것 같아." 그러자 하나님은 이웃나라 미디안
사람들을 보내어 이스라엘 백성들을 노예처럼 다루기 시작했어요.
"하나님 살려 주세요 저희가 잘못 했어요 용서해주세요."
이스라엘 백성들의 절규가 하나님의 귀에 들리기 시작했어요.

하나님은 기드온에게 천사를 보내어 백성들을 미디안으로부터 구출하라고
명령하셨어요. 기드온은 하나님께 말했어요."하나님 저는 약하고 힘이 없는
작은자 입니다." 그러자 하나님 음성이 들렸어요."큰 믿음의 용사여!
일어나라, 내가 너와 함께 할 것이다." "네 하나님 알겠어요."
기드온은 미디안 군사를 무찌르는데 큰 군대가 필요하다고 생각했어요.

하지만 하나님은 300명의 용사만 허락하셨어요. 기드온은
하나님만 의지했어요. 하나님은 기드온에게 싸움에서 이길
방법까지도 알려주셨어요. 이윽고 깜깜한 밤이 왔어요.
기드온의 군사들은 나팔과 횃불을 들고 적을 향해 나갔어요.
그리고 모두 있는 힘을 다해 나팔을 불면서 손에 있는
항아리를 일제히 깨트렸어요.
미다안 군사들이 잠든 어두운밤에
기드온군사들은 하나님이 가르쳐준 지혜로
순종하며 적군을 향해 나아갔어요.
비록 초라하고 보잘것없는
도구이지만 하나님이 함께 하신다는
믿음은 승리로 이끌수 있는
큰힘이 되었어요.
한마음으로 자신감이 가득찬
기드온의 용사들은
하나님을 의지했어요.
그리고 서로를
바라보며 격려했어요.

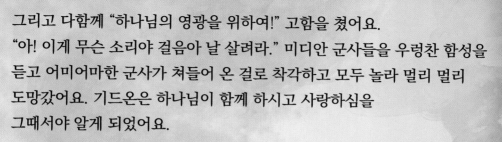

그리고 다함께 "하나님의 영광을 위하여!" 고함을 쳤어요.
"아! 이게 무슨 소리야 걸음아 날 살려라." 미디안 군사들을 우렁찬 함성을
듣고 어미어마한 군사가 쳐들어 온 걸로 착각하고 모두 놀라 멀리 멀리
도망갔어요. 기드온은 하나님이 함께 하시고 사랑하심을
그때서야 알게 되었어요.

Prayer for Blessings

태아를 위한 축복기도

사랑의 주님, 우리 아기가 삶에 용기를 잃었을 때 고난을 피하는 자가
아니라 주님께 기도함으로 새 힘을 얻고 고난을 담대하게 극복할 수
있도록 하소서. 지혜를 구하여 나를 이기고 이웃을 축복하는
자녀로 성장하게 하소서.
예수님의 이름으로 기도드립니다. 아멘

산모와 가정을 위한 축복기도

주님 찬양합니다. 힘들고 어려워 낙심될 때에 새 힘을 주시는 주님을
찬양합니다. 주님의 사랑이 우리와 함께 함을 말씀안에서 기도 가운데
체험하게 하소서. 그리하여 주님의 사랑은 실제인것을 알게 아시고
모든 산모들을 위해 기도하게 하소서.
예수님의 이름으로 기도드립니다. 아멘

"평안을 너희에게 끼치노니 곧 나의 평안을 너희에게
주노라 내가 너희에게 주는 것은 세상이 주는 것과
같지 아니하니라 너희는 마음에 근심하지도 말고
두려워하지도 말라"

- 요한복음 14:27

Peace I leave with you; my peace I give you.
I do not give to you as the world gives.
Do not let your hearts be troubled
and do not be afraid.

- John 14:27

아기에게 쓰는 편지

Date   /   /

140

엄마의 일기

Date   /   /

Day 14

시어머니 나오미와 며느리 룻

"여호와께서 네가 행한 일에 보답하시기를 원하며
이스라엘의 하나님 여호와께서 그의 날개 아래에 보호를 받으러
온 네게 온전한 상 주시기를 원하노라 하는지라"
- 룻기 2:12
May the LORD repay you for what you have done.
May you be richly rewarded by the LORD, the God of Israel,
under whose wings you have come to take refuge.
- Ruth 2:12

태담
아기와의
사랑의 대화

아가야!

오늘은 화창한 날이구나!

하늘에는 반짝반짝 햇님이 빛나고 있구나.

개울에는 햇빛을 받아 은빛 물결이 살랑살랑 흐른단다.

한 쌍의 오리가 서로 정답게 대화를 나누며 어디론가 유유히

가고 있네, 서로 조화를 이루고 있는 자연을 보니,

주님이 서로 축복하며 사랑하는것이

얼마나 소중하고 귀한지 말씀하시는것 같아.

나오미와 룻은 서로 축복하며

섬김으로 주님의 은총을 받았단다.

모압땅에는 흉년을 피하여 베들레헴에서 이사한 엘리멜렉과 나오미와
두 아들이 살고 있었어요. 모압은 하나님을 모르는 땅이었어요.
엘리멜렉이 죽자 나오미의 두아들은 모압 여인들을 아내로 맞이했어요.
큰며느리 오르바와 둘째 며느리 룻이었어요 . 그런데 두 아들도 죽게 되었어요.
시어머니 나오미는 두 며느리와 함께 하나님을 섬기며 어려운 형편에도
낙심하지 않고 부지런히 밭에서 일을 하며 살았어요.

어느 날 나오미는 오르바와 룻를 불렀어요.
"아무래도 안되겠다 먹을 양식도 없고…
너희는 아직 젊으니 다른 데로 시집을
가거라. 난 베들레헴 고향으로 돌아가련다."
그러자 룻은 "저는 어머니를 따라 가겠어요.
어머니가 믿는 하나님은 이미 제 하나님인 걸요.
저는 어머니가 가는 곳이면 어디든 따라
갈거에요." 하지만 오르바는 나오미를
떠나기로 했어요. 나오미와 룻은 모압
땅을 떠나 나오미의 친척 보아스가
사는 베들레헴으로 다시 이사를 했어요.

나오미와 룻은 하나님께 감사하며 부잣집 보아스의 밀밭에서 떨어지는 이삭을
주워 먹으며 살았어요. 이삭을 열심히 줍고 있는 풍경을 멀리서 바라보던
보아스가 효심이 깊은 룻을 저녁에 초대했어요. " 늙은 시어머니를 떠나지 않고
정성으로 모시는 당신을 하나님이 축복해주실거요." 보아스는 룻을 정성껏
대접했어요. 보아스는 사랑스런 눈빛으로 룻을 조용히 바라보았지요.

햇살이 따스한 어느 날,
나오미는 다정한 모습으로 룻을 불렀어요.
"사랑하는 나의 며느리야,
나는 네가 보아스와 결혼하기를 원한다."
룻은 나오미의 진심어린 말을 듣고 조용히
미소를 지었어요.
그렇게 하여 보아스와 룻은 결혼을
하게 되었지요.
둘은 결혼해서 오벳을 낳았어요.
오벳은 이새를 낳고,
이새는 이스라엘의 다윗왕을 낳았어요.
이렇게 해서 나중에는
인류의 구원자 예수님이 탄생하는
믿음의 가정이 되었답니다.
때로는 세상에 이해할 수 없는 일들이 있지만
하나님은 화가 변하여 복이되게 하시는
좋으신 하나님이 되신답니다.
소망이 없는 세상에 빛 되신
예수그리스도가 오시기로 계획되었지요.

Prayer for Blessings

태아를 위한 축복기도

사랑의 주님, 서로 사랑하며 섬기며 사는 우리 아기가 되게 해주세요.
일곱색깔 무지개가 아름다운건 함께 어우러져 있기 때문이예요.
우리 아기도 하나님과 이웃과 화평하게 살 수 있도록 도와주세요.
그래서 주님이 베푸시는 은총을 받아 누리는 삶이 되도록 축복해주세요.
예수님의 이름으로 기도드립니다. 아멘

산모와 가정을 위한 축복기도

주님 감사해요. 주님의 사랑이 늘 우리와 함께 합니다. 어려울 때 서로
기도하며 함께 울어줄 수 있는 이웃이 있음을 감사드립니다.
저희 가정도 이런 선한 이웃이 될 수 있도록 지켜주세요.
산모와 또 다른 산모를지켜주시고 건강으로 함께 해주세요.
예수님의 이름으로 기도드립니다. 아멘

"그런즉 믿음, 소망, 사랑, 이 세 가지는 항상 있을 것인데
그 중의 제일은 사랑이라"
- 고린도전서 13:13

And now these three remain: faith, hope and love.

But the greatest of these is love.

- 1Corinthians 13:13

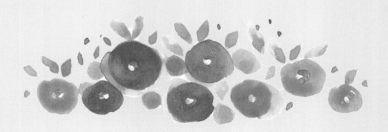

아기에게 쓰는 편지

Date   /   /

엄마의 일기

....

....

....

....

....

....

....

....

....

Date   /   /
....

Day 15

기도의 어머니 한나

"이 아이를 위하여 내가 기도하였더니 여호와께서 나의 구하여
기도한 바를 허락하신지라"
- 삼상 1:27
I prayed for this child, and the LORD has granted me
what I asked of him.
- 1 Samuel 1:27

태담
아기와의
사랑의 대화

사랑스런 우리 아기 안녕!

오늘 예배시간에 찬양과 기도소리 들었나요?

엄마는 태중에 있는 우리 아기의 건강과 행복을 위해 기도를

드렸단다. 엄마는 때로 우리 아기가 엄마 태중에 있다는것에

황홀함과 감사로 인해 주체할 수 없을만큼 감격스럽단다. 그럴 때

엄마는 주님께 감사의 기도를 올리곤 한단다.

성경에 나오는 한나도 아들 사무엘 때문에 가장

큰기쁨을 경험한 기도의 어머니란다.

어느 마을에 한나라는 여인이 살았어요.
한나는 결혼을 했지만 아기가 없어서
걱정이 가득했어요.
한나는 하루 하루 슬픈 나날을 보내고
있었어요. 한나는
한가지 방법을 선택했어요.
그것은 창조주 하나님께 기도하는
것이었어요.
"내가 날마다 이렇게 살 수는 없어.
모든 것을 다 아시는 하나님께 나아가서
자식을 달라고 기도해야겠어."

한나는 성전을 향해
발걸음을
옮기기 시작했어요.
한나는 성전 안에
앉자 마자 이렇게 기도했어요.
"하나님 저에게 아들을
허락해 주세요. 그러면 아들을
하나님께 바치겠어요."
온 마음과 정성을
다해서 하나님께
자녀를 달라고
간구하였답니다.

얼마나 슬피 울면서 기도했던지
성전 뒤에서 한나의 기도 소리를
듣고 있던 엘리 제사장이
한나에게 말했어요.
"당신이 기도를 하는 모습을 보니
술이 취한게 분명하오, 그러나
술에 취하지 않고 진심으로
기도를 드린 거라면 하나님이
당신의 간절한 기도를 들어 주실거요."
하나님은 한나의 간절한 기도에
응답하셨어요.
사무엘이라는 아들을 낳았어요.
한나는 기도에 응답하신 하나님께
감사하며 하나님을 경배했어요.
사무엘이 어느 정도 자라자
하나님께 약속한 대로 성전에서
일하는 엘리제사장에게 갔어요.
그리고 거기서 사무엘은
하나님 섬기는 법을
엘리 제사장에게 배우기 시작했어요.
그리하여 사무엘은
훌륭한 하나님의 제사장으로
살았답니다.

Prayer for Blessings

태아를 위한 축복기도

사랑의 주님, 감사드립니다. 기도에 응답하시는 주님.
우리 아기가 세상에서 어려운일을 당할 때 낙심하거나 방황하지 않고
주님께 기도하게 하소서. 고난을 피하는 게 아니라 고난이 오히려
주님의 은총을 받는 길임을 알게 해주세요. 한나와 같은 믿음을
우리 아기에게 허락해주세요.
예수님의 이름으로 기도드립니다. 아멘

산모와 가정을 위한 축복기도

주님 감사해요. 출산할 때의 고통을 생각하니 서서히 겁이 나요.
하지만 고통 뒤에 주님이 주신 가장 귀한 선물, 우리 아기를 만날 것을
생각하니 오히려 감사기도를 드릴 수 있어 기뻐요. 우리 아기로 인해
더욱 화목한 가정으로 축복해주세요.
예수님의 이름으로 기도드립니다. 아멘

"여자가 해산하게 되면 그 때가 이르렀으므로 근심하나
아기를 낳으면 세상에 사람 난 기쁨으로 말미암아
그 고통을 다시 기억하지 아니하느니라"
- 요한복음 16:21

A woman giving birth to a child has pain because her
time has come; but when her baby is born she forgets
the anguish because of her joy that a child is
born into the world.

- John 16:21

아기에게 쓰는 편지

....

....

....

....

....

....

....

....

....

Date   /   /

엄마의 일기

....

....

....

....

....

....

....

....

Date   /   /
....

161

Day 16

양치기 소년 다윗과 골리앗

"다윗이 블레셋 사람에게 이르되 너는 칼과 창과 단창으로
내게 나아 오거니와 나는 만군의 여호와의 이름 곧 네가 모욕하는
이스라엘 군대의 하나님의 이름으로 네게 나아가노라"
- 사무엘상 17:45

David said to the Philistine, "You come against me with sword
and spear and javelin, but I come against you in the name of the LORD
Almighty, the God of the armies of Israel, whom you have defied.
- 1 Samuel 17:45

태담
아기와의
사랑의 대화

아가야!

엄마는 하늘을 높이 나는 새들을 바라본단다.

힘차게 날아오르는 새들의 날개짓을 보면서 강하고

담대함이 무엇인지 잠시 묵상했단다.

처음부터 저렇게 힘찬 새가 되진 않았겠지?

날마다 연습하고 훈련하여 오늘 푸른 창공을 멋지게 날게 된 거야.

다윗은 양치기 소년 이었지만 날마다 양을 지키면서

훌륭한 하나님의 용사로 자랐단다.

이스라엘의 첫 왕이 된 사울왕은 이웃나라 블레셋 사람들의 공격에 늘
시달리며 살았어요.
"아이구! 오늘도 적들이 쳐들어 왔는데 그 중에 골리앗이라는 거인이
있다면서? 그 거인을 누가 무찌를 수 있겠느냐"
신하들은 골리앗 얘기만 나오면 벌벌 떨기 시작했어요. "골리앗 말만 나오면
무서워 죽겠는걸." 골리앗은 커다란 투구와 어마 어마하게 큰 갑옷을 입고
이스라엘을 향해 큰소리로 소리치기 시작했어요.

"나약한 이스라엘 군대여 어서 나와 대결하자" 하늘과 땅이 흔들리는 것
같았어요. 그때 군대에 있던 형들에게 아버지 심부름을 간 다윗은 이 고함을
듣고 "어디서 감히 하나님의 군대를 모욕하느냐! 형님들 제가 골리앗을
물리치게 해주세요" 형들은 비웃었어요. "다윗, 집에 가거라.네가 있을 곳이
못돼" 옆에 있던 병사는 다윗을 보고 "엄마 젖을 더 먹고 와야겠는걸" 하며
비웃었어요. 하지만 다윗은 "하나님을 모욕하는 저 못된 골리앗을 무찌르겠어요."
간절히 부탁하는 다윗을 외면할 수 없게 되자 형님들과
사울왕은 갑옷과 투구를 준비했어요.

다윗은 "저에게는 이런 것들이 필요없어요." 다윗은 그동안 넓은 광야에서
양치기 일을 했어요. 양들을 공격하며 달려드는 커다란 짐승을 물리친 물맷돌
다섯 개를 준비했어요. 드디어 다윗이 어마하게 큰 거인 골리앗 앞에 섰어요.
"이크! 어디서 꼬마가 나타났느냐.
흐흐 나를 무시하느냐. 야 꼬마야! 어서 오너라."
다윗은 담대하게 골리앗을 향해 소리쳤어요.
"너는 갑옷과 단창으로 나왔지만
나는 만군의 여호와 하나님 이름으로
네게 나왔노라."
다윗은 곧바로 골리앗을 향해
물맷돌을 던졌어요.

골리앗은 다윗이 던진 물맷돌에 이마를 맞아 그만 쓰러지고 말았어요.
블레셋 군대가 이 광경을 지켜보다가 겁이 나자 모두 도망쳤어요.
하나님은 다윗을 통해 이스라엘 백성들에게 평화를
선물했어요. 하나님은 다윗의 담대한 믿음을 보시고
이스라엘을 잘 다스리는 왕으로
세워주셨답니다.

Prayer for Blessings

태아를 위한 축복기도

사랑의 주님, 감사드립니다. 우리 아기도 다윗처럼 담대한 믿음의
소유자가 되게 해주세요. 좌절하거나 유혹에 넘어가지 않고 다윗처럼
하나님을 바라보며 승리하는 삶을 살 수 있도록 도와주세요.
예수님의 이름으로 기도드립니다. 아멘

산모와 가정을 위한 축복기도

하나님, 감사드립니다. 믿음으로 나아갈 때 결국 승리의 노래를
부를 수 있다는 것을 깨닫게 하시니 감사드립니다. 어떠한 역경 속에서도
담대함을 잃지 않는 산모와 가정이 되게 새 힘을 허락하여 주세요.
예수님의 이름으로 기도드립니다. 아멘

"아무 것도 염려하지 말고 다만 모든 일에 기도와 간구로,
너희 구할 것을 감사함으로 하나님께 아뢰라. 그리하면
모든 지각에 뛰어난 하나님의 평강이 그리스도 예수 안에서
너희 마음과 생각을 지키시리라"
- 빌립보서 4:6,7

Do not be anxious about anything, but in everything,
by prayer and petition, with thanksgiving, present your
requests to God. And the peace of God, which transcends
all understanding, will guard your hearts and your
minds in Christ Jesus.
- Philippians 4:6,7

아기에게 쓰는 편지

Date   /   /

엄마의 일기

....

....

....

....

....

....

....

....

....

Date   /   /

Day 17

의리있는 친구 요나단

"다윗에 대한 요나단의 사랑이 그를 다시 맹세하게 하였으니
이는 자기 생명을 사랑함 같이 그를 사랑함이었더라"
- 사무엘상 20:17
And Jonathan had David reaffirm his oath out of love for him,
because he loved him as he loved himself.
- 1Samuel 20:17

태담
아기와의
사랑의 대화

사랑하는 아가야!

세상에 수많은 엄마들 중에 우리 아기가 왜

하필 엄마에게 보내졌을까,

이것은 한마디로 말하면 만남의 축복이란다.

우리 아기에게

좋은 친구들과 만남의 축복이 있기를 기도해.

의리라는 건 소중한거란다.

다윗과 요나단의 우정은 참

아름다운거란다.

사울왕에게는 요나단이라는 아들과 신하 다윗이 있었어요.
요나단은 이스라엘이 어려움에 빠졌을 때 나라를 구한 다윗에게 하나님이
함께 한다는 것을 알고 있었어요. 두 친구는 항상 사이좋게 지냈지요. 이스라엘
백성들은 놀기만 좋아하는 사울왕보다 나라를 구한 믿음의 사람, 다윗이 왕이
되기를 바랐어요. 백성들의 마음을 눈치챈 사울왕은 다윗을 미워했어요.
그리고 다윗을 죽일 음모를 꾸몄어요.

이 사실을 알게 된 요나단은
다윗에게 다가가 말했어요.
"친구 다윗이여, 아버지가 너를
죽이려하고 있어. 어서 도망치렴,
내가 네가 있는 곳으로 찾아갈게"
그리고 요나단은
아버지 사울왕 앞에 서서
다윗은 죄가 없다고 말했어요.
"나의 아버지 사울왕이시여
나의 친구다윗은 죄가 없습니다.
다윗은 하나님앞에 정직하고
하나님만를 경배합니다.
다윗은 잘못한 일에 대해 회개하는
믿음의 사람이며
나의 진실한 친구입니다.
그러니 다윗을
살려주십시요"

사울왕은 이런 요나단을 향해 "아들아 너도 다윗과 한마음이더냐?" 하고
화가 난 사울왕은 요나단을 향해 창을 던졌어요.
다행히 창을 피해 달아난 요나단은 동굴속에 숨어 있는 다윗을 찾아가
"친구 다윗이여, 아버지가 여전히 너를 죽이려하고 있어.
더 멀리 도망쳐야 살 수 있어. 아버지가 계속 너를 뒤쫓아 오고있어."
요나단과 다윗은 서로 부둥켜 안고 울면서 기도했어요.
"하나님 우리를 지켜주세요 우리의 우정이 변치 않게 해주세요."
기도가 끝나자 요나단은 다윗에게 말을 했어요.
"자 어서 멀리가. 친구 다윗이여! 하나님은 네 편이야.
너를 지켜주시고 보호 해주실거야."
요나단은 도망가는 다윗의 뒷모습을 축복해 주었어요.

Prayer for Blessings

태아를 위한 축복기도

우리 아가를 축복하시는 주님, 우리 아기에게 먼저 요나단처럼 좋은
친구가 되게 해주세요. 그리하여 친구에게 어려움에 닥쳤을 때
도움을 줄 수 있는 그런 사람으로 자라게 해주세요.
변함없는 우정을 가진 착한 믿음의 친구가 되게 해주세요.
예수님의 이름으로 기도드립니다. 아멘

산모와 가정을 위한 축복기도

사랑의 주님 감사드립니다. 우리로 하여금 참된 우정이 무엇인지 알게
해주셔서 감사드립니다. 주님이 우리를 향한 사랑이 변함이 없듯이 삶과
인간 관계속에서도 하나님의 사랑을 실천하는 가정이 되게 해주세요.
예수님의 이름으로 기도드립니다. 아멘

"사람이 친구를 위하여 자기 목숨을 버리면 이보다 더
큰 사랑이 없나니 너희는 내가 명하는 대로 행하면
곧 나의 친구라"
- 요한복음 15:13,14
Greater love has no one than this, that he lay
down his life for his friends. You are my friends
if you do what I command.
- John 15:13,14

아기에게 쓰는 편지

Date   /   /

엄마의 일기

....

....

....

....

....

....

....

....

....

Date   /   /
....

Day 18

지혜의 왕 솔로몬

"왕이 대답하여 이르되 산 아이를 저 여자에게 주고
결코 죽이지 말라 저가 그의 어머니이니라 하매"
- 열왕기상 3:27

Then the king gave his ruling: "Give the living
baby to the first woman. Do not kill him; she is
his mother."
- 1 Kings 3:27

태담
아기와의
사랑의 대화

아가야

밤새 잘 잤니? 무슨 꿈을 꾸었니?

엄마는 우리 아기가 솔로몬처럼

지혜로운 사람이 되기를 기도 했단다.

세상의 부귀와 영화보다

하나님의 지혜는 더욱 값진 것이란다.

우리 아기도 지혜로운 사람이 되어

세상을 밝게 비추는 주님의 귀한

자녀가 되기를 기도한단다.

솔로몬 왕은 아버지 다윗 왕을 통해 나라를 잘 다스리는 법을
어려서부터 교육을 받았어요. 솔로몬은 그중에 지혜의 근본 되시는
하나님께 기도하는 법을 배웠어요. "하나님 저는 백성을 지혜로
다스리는 왕이 되게 해주세요." 솔로몬 왕은 하나님께 양을 잡아서
마음을 다하여 정성스럽게 예배를 드렸어요.
어느 날 예배를 마칠 때쯤에 하나님의 음성이 들렸어요.
"솔로몬아, 내가 너에게 무엇을 주기를 원하느냐?"

솔로몬은 대답했어요.
"네 하나님 저는 부귀영화보다
백성을 잘 다스리는
지혜를 주세요."
하나님은 대답하셨어요.
"솔로몬아 너는 내게
부귀영화를
구하지 않고
백성을 위하여
지혜를 구하니
기쁘구나.
지혜를 너에게 주겠노라."
솔로몬 왕은 기뻤어요.
솔로몬은 기뻐서
하나님을 찬양했어요.
들판에 목동이였던 나의 아버지
다윗왕을 축복하산 하나님
나에게도 은총을 베푸사
백상들을 주의 지혜로
다스리게 하소서
주는 왕들중의 왕이시며
온 세계위에 영원하나이다.
모든 나라가
주의 위대하심을 찬양할지어다.

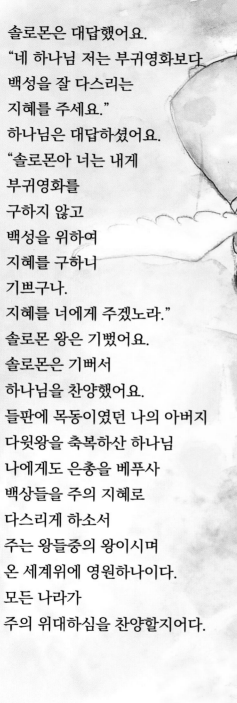

185

하루는 왕궁에서
싸움 소리가 들렸요.
"이 아기는
내 아기라구요."
"뭐라구요, 아니예요,
이 아기는 내 아기예요."
아기 하나를 두고
싸움이 벌어졌어요.
이 광경을 바라보던
솔로몬은 신하에게
아기를 안고
앞으로 나오라고 했어요.
그리고 서로
자기 아기라고
우기는 두여인를 향해
"이 아기가 너희의
아기가 맞느냐?"
"네 맞아요."
둘은 똑같이
대답했어요.

"그렇다면 아기를 반씩 나눠서
가지면 되지 않겠느냐?" 그러자
냉정한 여자는 그렇게 하라고 했어요.
하지만 옆에 울고 있던 여자는
"아기를 나누지 말고
그냥 저 여자에게 주세요. 흑흑"
흐느껴 울기 시작했어요.
솔로몬 왕은 판결을 내렸어요.
"나누지 말라고 한 여자의 아기가
맞다, 어떻게 자기 아기를 나누라고
하겠느냐." 이 광경을 바라보던
신하들과 백성들은 지혜로운
솔로몬을 더욱 존경하게 되었지요.
또한 왕의 지혜로움이
이웃나라까지 널리 널리
퍼져 나가게 되었어요.

187

Prayer for Blessings

태아를 위한 축복기도

우리 아기를 축복하시는 하나님, 우리 아기에게 지혜를 주셔서 슬기롭고
하나님과 사람 앞에 칭찬받는 아기가 되게 도와주세요.
그래서 주님과 부모의 기쁨의 자녀로 자라게 도와주세요.
예수님의 이름으로 기도드립니다. 아멘

산모와 가정을 위한 축복기도

사랑의 아버지 감사드립니다. 세상의 부귀영화보다
주님이 기뻐하시는 것을 먼저 구하는 산모와 가정이 되게 해주세요.
아기를 하나님의 지혜로 양육 할 수 있도록 가르쳐 주세요.
예수님의 이름으로 기도드립니다. 아멘

"내가 보는 것은 사람과 같지 아니하니 사람은 외모를
보거니와 나 여호와는 중심을 보느니라 하시더라"
- 사무엘상 16:7
The LORD does not look at the things man looks at.
Man looks at the outward appearance,
but the LORD looks at the heart.
- 1 Samuel 16:7

아기에게 쓰는 편지

....
....
....
....
....
....
....
....

Date   /   /
....

엄마의 일기

Date   /   /

191

Day 19

욥의 인내의 믿음

"우스 땅에 욥이라 불리는 사람이 있었는데 그 사람은 온전하고
정직하여 하나님을 경외하며 악에서 떠난 자더라"
-욥기 1:1
There was a man land of Uz, whose name was Job,
That man was blameless and upright, and one who
feared God, and turned away from evil.
-Job 1:1

태담
아기와의
사랑의 대화

사랑하는 아가야

인내가 얼마나 소중한 건지 아니?

엄마는 우리 아기를

임신하고 점점 배가 불러오면서 힘들어질 때도 있단다.

하지만 엄마는 날마다 기도하며 인내로 잘 극복하게

해달라고 주님께 기도하고 있단다.

우리 서로 감사로 잘

인내하여 주님이 주시는 놀라운

축복을 나누자꾸나.

어느 마을에 부자 욥이 살았어요. 사람들은
하나님 말씀에 순종하며 행복하게 사는
욥을 부러워했어요. 욥은 언제나 하나님과
사람들 앞에서 항상 겸손하였어요. 이런 욥을
보고 하나님은 의인이라고 칭찬했어요.

어느 날 사탄이 하나님을 찾아갔어요. "욥은 하나님께 받은 축복 때문에
하나님을 따르는 거예요, 만약에 욥에게 있는 아내와 자녀들과 가축들과
재산을 모두 빼앗으면 욥은 하나님을 외면할거예요."
하나님은 사탄에게 "욥의 생명만은 건드리지 말고 시험해 보거라." 말씀하셨어요.
사탄은 곧바로 욥의 모든 것을 다 빼앗고 온몸에 악창이 나게 했어요.

욥은 가려워서 죽을 지경이었어요.
욥이 잿더미에 앉아 몸을 긁자마자 피가
흐르기 시작했어요. 그러나 욥의 믿음은
더욱 더 커져갔어요.
"하나님의 사랑은 변하지 않아.
하나님은 다시 회복시켜 주실거야."
욥은 초라하고 실패한 모습이지만
하나님만을 바라보았어요.

이 모습을 위로하러 온 세 친구는 욥이 죄를 지어서 하나님이 벌을 내린
거라고 저주하고 떠나갔어요. 욥의 아내는 차라리 죽으라고 했어요.
욥은 그래도 변함없이 하나님을 믿고 찬양했어요.
그리고 더 이상 참을수 없어 욥의 곁을 떠나고 말았어요.
하나님은 사탄에게 이제 그만 욥을 시험하지 말라고 명령했어요.
욥이 하나님을 진심으로 사랑하는 걸 확인하셨어요.
하나님은 이런 욥에게 전보다 더 많은
갑절의 축복을 허락하셨답니다.

Prayer for Blessings

태아를 위한 축복기도

사랑의 주님, 감사드려요. 우리 아기가 욥처럼 하나님의 사랑을 의심하지
않고 변함없는 하나님의 사랑을 신뢰하는 아기로 성장할 수 있도록
축복해주세요. 항상 감사하는 삶이 되게 해주세요.
예수님의 이름으로 기도드립니다. 아멘

산모와 가정을 위한 축복기도

하나님 아버지 감사드립니다. 욥은 많은 어려움 속에서도 하나님의 사랑을
의심하지 않았어요. 끝까지 하나님을 신뢰함으로 의롭다고 인정받은 귀한
믿음의 사람입니다. 산모와 가정도 욥과 같은 믿음으로 하나님의 사랑이
변함없이 함께 함을 잊지 않게 해주세요.
예수님의 이름으로 기도드립니다. 아멘

"보라 인내하는 자를 우리가 복되다 하나니 너희가 욥의
인내를 들었고 주께서 주신 결말을 보았거니와 주는
가장 자비하시고 긍휼히 여기시는 이시니라"
- 야고보서 5:11
Behold, we call than blessed who endured.
You have heard of the patience of Job, and how
the Lord is full of compassion and mercy.
- James 5:11

아기에게 쓰는 편지

Date   /   /

200

엄마의 일기

Date   /   /

Day 20
엘리야와 바알숭배자들

"모든 백성이 보고 엎드려 말하되 여호와 그는 하나님이시로다
여호와 그는 하나님이시로다 하니"
-열왕기상 18:39
When all the people saw it, they fell on their faces:
and they said, Yahweh, he is God, Yahweh, he is God.
- 1Kings 18:39

태담
아기와의
사랑의 대화

사랑스런 아가야!

창문을 여니 아름다운 새소리와 향기로운 풀 내음이

엄마의 마음을 평화롭게 하는구나.

"주님 감사해요,

우리 아기도 저처럼 똑같이 느끼게 해주세요."

기도가 저절로 나오는 참 행복한 아침이구나,

우리 함께 엘리야 선지자를 만나러 가자.

엘리야 선지자는 이스라엘 백성들에게
항상 하나님만을 섬길 것을
가르쳤어요. 그러나 아합 왕과
왕비 이세벨은 이스라엘 백성들에게
사람들이 만든 가짜 신 바알을
섬길 것을 강요했어요.

하루는 엘리야와 바알 숭배자들과 누가 진짜 신인지
가짜 신인지 대결하기로 약속했어요. 사람들은 제단을 쌓고
기도할 때에 하늘에서 불이 내려오는 쪽이
진짜 신으로 정하기로 했어요. 엘리야는 기도했어요.
"하나님 살아계심을 보여주세요, 저들이 믿는 신이
가짜인 것을 직접 눈으로 확인 할수 있도록 보여주세요."
이윽고 기다리던 시간이 되자 모든 사람들이 일제히
이 광경을 바라보고 있었어요. 먼저 바알 숭배자들이
불을 내려달라고 외쳤어요.
"바알 신이여 어서 내려오소서."
하지만 불은 끝내 내려오지 않았어요.
"흥! 바알 신은 죽은 신이야 가짜 신이라구."
그들은 속으로 중얼거렸어요. 바알신은 가짜인 것을
알게 되었지요. 바알신의 선지자 450명과
그들을 보좌하는 아세라 신을 섬기는 자가
400명이나 되었지만 하나님을 섬기는 엘리야는
혼자였답니다.

다음은 엘리야 선지자 차례가 되었어요. 제단에 장작을 쌓고 제물을
올려놓고 그리고 그 위에 물을 잔뜩 붓게 했어요. 그런 후에 엘리야는 여호와
하나님 이름을 부르며 불을 내려달라고 기도했어요. 그러자 하늘에서 강하고
급한 불이 내려와 물에젖은 제물과 제단을 모두 태워버렸어요.
사람들은 모두 놀라 하나님의 임재 아래 엎드렸어요.

그리고 살아계신 하나님께 경배를 했어요.
엘리야는 기쁨을 감출수가 없었어요. 하나님은
우리의 모든 기도를 들으시고 변함없이 살아계심을
보여주신답니다. 푸른 하늘과 예쁜 새들이 노래하는
아침과 고요하게 흐르는 시냇물은 제단에 임한
불처럼 하나님이 살아계시고 우리와 함께하심을
보여주는 일상의 축복이며 증거랍니다.

Prayer for Blessings

태아를 위한 축복기도

사랑의 주님, 감사해요.
언제나 변함없이 우리아기를 사랑하시고 축복해주셔서 감사해요.
주님의 사랑은 변함없는 사랑이에요. 하나님의 변함없는 사랑으로
우리 아기를 축복해주심을 감사드립니다.
예수님의 이름으로 기도드립니다. 아멘

산모와 가정을 위한 축복기도

사랑의 주님, 하나님을 의심하며 믿지 못하는 가정이 아니라 하나님의
변함없는 사랑을 신뢰하며 따르는 믿음의 가정으로 축복해주세요.
산모에게 신실한 하나님의 사랑과 축복이 변함없음을 깨닫는
시간이 되게 해주세요. 예수님의 이름으로 기도드립니다. 아멘

"그런즉 내 사랑하는 자들아 우상숭배하는 일을 피하라"
- 고린도전서 10:14
Therefore, my beloved, flee from idolatry.
- 1 Corinthians 10:14

아기에게 쓰는 편지

Date   /   /

엄마의 일기

....

....

....

....

....

....

....

....

....

Date   /   /

Day 21

물고기 배 속의 요나

"여호와께서 이미 큰 물고기를 예비하사 요나를 삼키게 하셨으므로
요나가 밤낮 삼일을 물고기 뱃속에 있으니라"
-요나 1:17
Yahweh prepared a great fish to swallow up Jonah,
and Jonah was in the belly of the fish three days and three nights.
-Jonah 1:17

태담
아기와의
사랑의 대화

사랑스런 아가야!

어항 속에 떼를 지어 평화롭게 노는

물고기를 바라보고 있으니

아주 먼 옛날 요나 선지자가 생각나지 뭐니.

하나님의 말씀에 불순종한 요나는 물고기 배 속에서

삼일동안 기도했어요.

어떤 기도를 올렸을까 궁금하지 않니?

니느웨 성은 온갖 죄로
가득했어요.
하나님은 니느웨 성에 사는
하나님의 사람들이
망하는 것을
그냥 두고 볼 수가 없었어요.
하나님은 요나 선지자에게
나타나 말씀하셨어요.
"요나야, 너는 니느웨
성에 가서 내 말을 외쳐라,
회개하지 않으면
멸망할 것을 전하여라."
요나는 니느웨 사람들에게
하나님 말씀을
전하기를 거부했어요.

"하나님 니느웨는 죄로 가득차고 포악한 사람들도 많아 그들이 구원받는 것이 싫어요." 요나는 하나님의 눈을 피하여 다시스로 도망하려고 배에 올라탔어요. 그리고 배의 가장 밑바닥에 누워서 속으로 중얼거렸어요. "여기 가장 깊은곳에 숨었으니 하나님은 내가 여기 있는줄 모를꺼야" 바다 중간쯤 가자 거센 폭풍이 불기 시작했어요.

위험에 빠진 선장은 배밑에 숨어있는 요나까지 모두 갑판에 모아놓고 제비뽑기를 했어요."자, 여러분들여! 오늘 이 폭풍은 우리를 모두 죽음으로 몰아갈거요. 제비뽑기에서 뽑히는 자는 바다에 던져야겠어요."

요나는 더 이상 숨을 수가 없었어요. "사실은 나 때문에 풍랑을 만난거예요.
하나님의 눈을 피하여 도망치려고 했다구요." 사람들은 폭풍이 더 심해지자
배가 점점 기울어지자 할수 없이 요나를 번쩍들어 바다에 풍덩 하고 던지고
말았어요. 기다렸다는 듯이 큰 물고기가 입을 크게 벌리고 싱글벙글
요나를 꿀꺽 삼켰어요. 그러자 바다가 고요해졌어요.
요나는 물고기 배 속에서 삼일 동안 하나님께 회개기도를 올렸어요.

"하나님 잘못했어요, 제가 하나님의 명령을 어기고 도망친 것을 용서해 주세요,
그리고 니느웨성에 사는 사람들을 미워한 것을 용서해 주세요."
그러자 큰 물고기는 니느웨 땅에 요나를 토해냈어요. 요나는 니느웨 성에
도착하자마자 하나님 말씀에 순종하며 회개하라고 외쳤어요. 사람들은
요나의 외침소리를 듣고 회개하기 시작했어요. 그후 니느웨 성에는
하나님의 사랑과 평화가 넘쳐나는 행복한 성으로 바뀌게 되었답니다.

Prayer for Blessings

태아를 위한 축복기도

사랑의 주님, 우리 아기가 요나처럼 불순종하여 어려움을 당하지 않도록
도와주세요. 어려움을 당할 때 겸손함으로 자신을 돌아볼 수 있는
믿음을 주셔서 잘 극복할 수 있도록 도와주세요.
예수님의 이름으로 기도드립니다. 아멘

산모와 가정을 위한 축복기도

주님 감사드립니다. 어떠한 환경에도 믿음을 잃지 않고 겸손하게 주님을
바라보는 산모와 가정이 되게 해주세요. 회개의 삶을 살게 해주세요.
자신을 먼저 돌아보아 겸손하게 무릎꿇고 순종하는 삶이 되게 해주세요.
예수님의 이름으로 기도드립니다. 아멘

"우리는 그가 만드신 바라 그리스도 예수 안에서
선한 일을 위하여 지으심을 받은 자니 이 일은
하나님이 전에 예비하사 우리로 그 가운데서
행하게 하려 하심이라"
- 에베소서 2:10
For we are his workmanship,
created in Christ Jesus for good works,
which God prepared before that
we would walk in tham.
- Ephesians 2:10

아기에게 쓰는 편지

Date   /   /

엄마의 일기

....

....

....

....

....

....

....

....

....

Date   /   /
....

Day 22
사자굴 속의 다니엘

"이튿날에 왕이 새벽에 일어나 급히 사자 굴로 가서 다니엘이
든 굴에 가까이 이르러서 슬피 소리질러 다니엘에게 묻되
살아 계시는 하나님의 종 다니엘아 네가 항상 섬기는 네 하나님이
사자들에게서 능히 너를 구원 하셨느냐, 하니라"
- 다니엘 6:19,20

Than the king arose very early in the moring, and went in haste
to the den of lions. when he came near to the den to Daniel ,
he cried with a lamentable voice; the king spoke and said to Daniel,
servent of the living God, is your God, whom you serve continually,
able to deliver you from the lions?
- Daniel 6:19,20

태담
아기와의
사랑의 대화

사랑스런 우리 아가야!

바람에 살랑살랑 흔들리며 예쁜 꽃들이 인사를 하는구나!

바람에 흔들릴 때마다 날리는 향기가 엄마의 코끝을

살짝 스치며 지나가는구나.

우리 아기에게도 웃으며 향기를 전하는구나.

향기를 날리기까지 꽃은 여러 가지 시련을 잘 견딘거란다.

다니엘처럼 말이야.

우상을 섬기는 바벨론 땅에 하나님의 사람 다니엘이 포로로 끌려와
페르시아 왕 다리오가 그 땅의 주인이 되기까지 살았어요.
다니엘은 지혜의 근본이 하나님이시라는 것을 어려서부터 배웠어요.
비록 우상의 나라에 살지만 하루에 세 번 이스라엘 성전을 향해 창문을 열고
기도하기로 작정했어요. 다니엘은 총명하고 뛰어난 지혜로 인하여
왕궁에서 왕의 총애를 받았어요.

왕은 이런 다니엘에게 나랏일을 다 맡기려 했어요. 그러자 신하들끼리
수군거리기 시작했어요. "이대로 놔두면 안 되겠는걸, 높은 자리는 우리가
차지 해야돼. 다니엘은 우리가 섬기는 신 대신 이스라엘 백성들이 섬기는
신을 믿잖아." 신하들은 왕을 찾아갔어요. "왕이시여, 왕은 우리의 전부이십니다.
오늘부터 30일 동안 왕 대신 다른 신에게 기도하는 사람은 사자굴에 던져
백성들이 왕만을 섬기게 하소서." 왕이 듣자 하니 기분이 좋았어요.

"오! 그래 좋은 생각이구나." 하지만 다니엘은 변함없이 하나님께 기도했어요. 신하들은 왕에게 이 사실을 전했어요. 왕은 신하들에게 다니엘을 사자굴 속에 넣으라고 명령했어요. 신하들은 다니엘을 사자굴에 넣고 큰 돌로 입구를 막았어요. 그러나 밤새 왕은 마음이 불편했어요. 사실 왕은 다니엘을 진심으로 총애했어요. 다니엘이 밤새 사자들에게 죽임을 당할까봐 은근히 겁이 났어요.

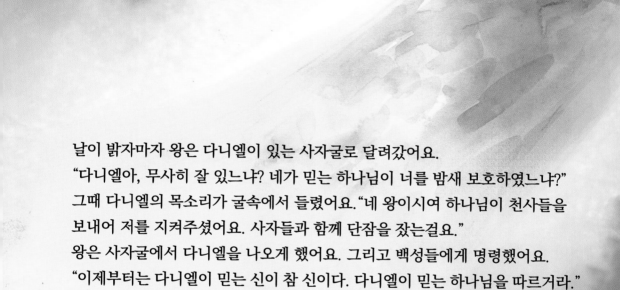

날이 밝자마자 왕은 다니엘이 있는 사자굴로 달려갔어요.
"다니엘아, 무사히 잘 있느냐? 네가 믿는 하나님이 너를 밤새 보호하였느냐?"
그때 다니엘의 목소리가 굴속에서 들렸어요. "네 왕이시여 하나님이 천사들을
보내어 저를 지켜주셨어요. 사자들과 함께 단잠을 잤는걸요."
왕은 사자굴에서 다니엘을 나오게 했어요. 그리고 백성들에게 명령했어요.
"이제부터는 다니엘이 믿는 신이 참 신이다. 다니엘이 믿는 하나님을 따르거라."
다니엘은 믿음으로 살아계신 하나님을 기쁘게 하였답니다.

Prayer for Blessings

태아를 위한 축복기도

사랑의 주님, 다니엘처럼 좋은 믿음의 습관을 우리 아기에게도 허락하여
주세요. 세상물결이 요동쳐도 하나님만을 섬기므로 축복을 받는
주님의 자녀가 되게 해주세요.
예수님의 이름으로 기도드립니다. 아멘

산모와 가정을 위한 축복기도

살아계신 하나님 감사드립니다. 산모와 가족 모두가 살아 계신
하나님이 함께하심을 찬양하게 하소서.
다니엘처럼 신실한 믿음의 가정으로 축복해주세요.
예수님의 이름으로 기도드립니다. 아멘

"나의 힘이신 여호와여 내가 주를 사랑하나이다"
- 시편 18:1

I love you, O LORD, my strength.
- Psalms 18:1

아기에게 쓰는 편지

Date   /   /

엄마의 일기

Date   /   /

231

Day 23
민족을 구한 에스더 왕비

"왕후 에스더가 대답하여 이르되 왕이여 내가 만일 왕의 목전에서
은혜를 입었으며 왕이 좋게 여기시면 내 소청대로 내 생명을 내게 주시고
내 요구대로 내 민족을 내게 주소서"
-에스더 7:3
The Eather the queen answered, if I have found favor in your sight,
O king, and if it please the king, let my life be given me at my petition,
and my people at my request:
-Esther 7:3

태담
아기와의
사랑의 대화

아가야!

엄마는 어렸을 때 동화책을 읽으면서 꿈을 꾸었단다.

신데렐라가 되는 꿈이야. 그런데 이제 알았어. 엄마는 하늘나라

진짜 공주님이라는 걸. 우리 아기도 하나님나라의 왕자님이고

공주님이란다. 엄마가 이 세상에 사는동안 하나님 말씀

순종하며 사는 것이 세상의 무엇보다 귀하다는 걸

에스더 왕비를 보면서 깨달았단다.

페르시아 왕 아하수에로는 나라를 함께 다스릴 왕비가 필요했어요.
왕은 신하들을 시켜서 나라 안에 있는 아름다운 신부감들이
궁궐로 모여들게 했어요. 그 중에 에스더라는 하나님을 섬기는
의로운 여자가 있었어요. 왕은 에스더를 보자마자
첫눈에 반했어요. "당신이 나의 왕비가 되어주오."
에스더는 하나님께 감사의 기도를 올렸어요.

왕은 에스더를 극진히 사랑했어요. 하지만 에스더는 자신이
하나님의 백성이라는 사실을 비밀로 했어요. 왕은 성대한 잔치를 열어 주었어요.
왕의 잔치에 참석한 신하 하만은 하나님을 싫어했어요.
하만은 궁궐에서 높은 직위에 있는 사람이었어요.
하지만 문지기에 불과한 에스더의 사촌오빠 모르드개가
그에게 절하기를 거부하자 하나님의 백성들을 죽이려는 음모를 꾸미고 있었어요.

이 소식을 알게 된 사촌오빠 모르드개는 에스더 왕비에게 말했어요.
"하만이 이스라엘 백성을 모두 죽이려 한다. 이 때를 위해 하나님이 너를
왕비로 세운 것이다. 네가 이스라엘백성들의 목숨을 구해야 한다."
간절한 모르드개의 말을 듣고 에스더는 결심했어요.
"죽으면 죽으리라" 하며 왕의 앞에 나갔어요.
"왕이시여, 저에게 소원이 있습니다. 사실 저는 이스라엘 민족입니다. 왕의
신하 중에 하만이 저와 이스라엘 백성을 죽이려 합니다. 저와 우리 민족을
살려주소서." 에스더 왕비를 사랑하는 아하수에로 왕은 화가 났어요.
"하만을 처형하거라." 왕은 에스더가 이스라엘 사람인 것을 받아주었어요.
에스더의 용기있는 믿음으로 이스라엘 백성들은 평화롭게 살 수 있었답니다.

Prayer for Blessings

태아를 위한 축복기도

사랑의 주님, 에스더처럼 지혜로운 믿음으로 자라도록 축복하세요.
항상 변함없는 신실한 믿음으로 주님의 기쁨이 되는 비전의
사람이 되게 해주세요. 주님의 자녀로서의 성품을 지니게 해주세요.
예수님의 이름으로 기도드립니다. 아멘

산모와 가정을 위한 축복기도

주님 감사드립니다. 하나님 나라의 정의에 대해 바르게 말하고
실천하는 가정이 되게 해주세요. 그래서 이웃을 축복하며 섬기는
악에 대해 침묵하지 않고 항상 주님의 선을
사랑하는 가정으로 축복해 주세요.
예수님의 이름으로 기도드립니다. 아멘

"사랑하는 자여 네 영혼이 잘됨같이 네가 범사에
잘되고 강건하기를 내가 간구하노라"
- 요한3서 1:2
Beloved, I pray that you may prosper in all things
and be healthy. even as you soul prospers.
- 3John 1:2

아기에게 쓰는 편지

Date   /   /

엄마의 일기

....

....

....

....

....

....

....

....

....

Date   /   /

Day 24
만왕의 왕 예수 그리스도

"내가 진실로 진실로 너희에게 이르노니 한 알의 밀이 땅에 떨어져
죽지 아니하면 한 알 그대로 있고 죽으면 많은 열매를 맺느니라"
-요한복음 12:24
Most assuredly I tell you, unless a grain of wheat falls into the earth
and dies, it remains by itself alone. But if it dies, it bears much fruit.
-John 12:24

태담
아기와의
사랑의 대화

축복의 자녀 아가야!

엄마는 고등학교 때 주님을 만났단다.

그 전에는 세상에서 성공하는 꿈만을 꾸면서 살았단다.

그런데 주님을 만났을 때 죄인이라는 사실을 깨달았지.

모든 죄와 실수와 허물과 연약함을 위해 십자가에 달려 죽으신

하나님의 사랑이 엄마를 새 사람으로 바꿔 놓았단다.

주님 품안에서 너무 기뻤단다. 우리 아기가 태중에서

주님의 사랑을 받고 있듯 말이야. 늘 주님과 동행하는 축복된

우리 아기가 되기를 엄마는 늘 기도할거야.

주님은 우리 아기를 축복하고 사랑해.

하나님이 천지를 창조하시고 사람을 만드신 목적은 하나님과 영원히 행복하게 함께 사는 것이었어요. 하지만 에덴동산에서 사람의 불순종으로 이 세상에 죄악이 들어오게 되었어요. 사람들은 죄 때문에 하나님을 알려고 하지도 않으며 감사하지 않음으로 온 세상이 죄와 욕심으로 가득했어요. 그리고 방황하며 악한 생각으로 싸우고 미워하며 서로를 용서하지 않았어요.

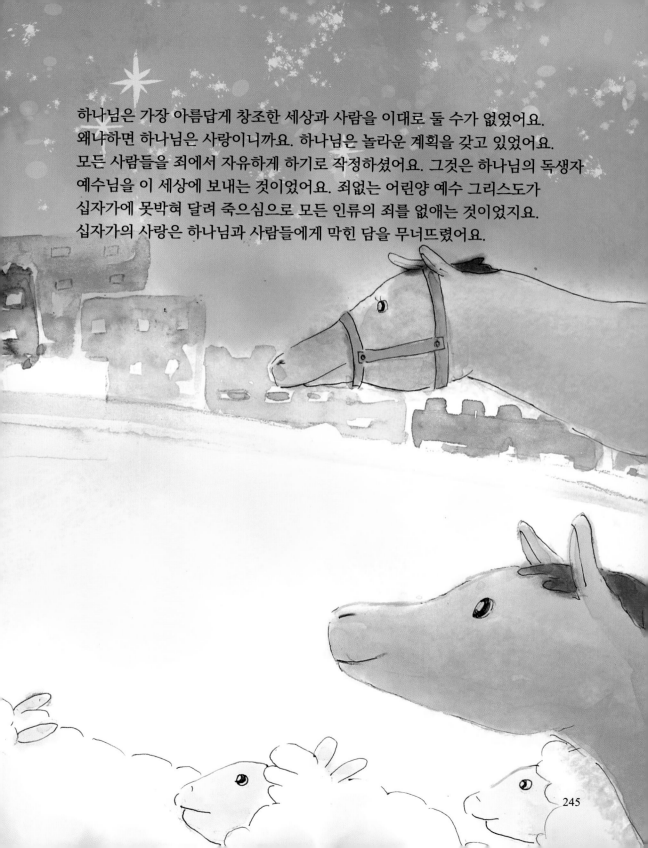

하나님은 가장 아름답게 창조한 세상과 사람을 이대로 둘 수가 없었어요.
왜냐하면 하나님은 사랑이니까요. 하나님은 놀라운 계획을 갖고 있었어요.
모든 사람들을 죄에서 자유하게 하기로 작정하셨어요. 그것은 하나님의 독생자
예수님을 이 세상에 보내는 것이었어요. 죄없는 어린양 예수 그리스도가
십자가에 못박혀 달려 죽으심으로 모든 인류의 죄를 없애는 것이었지요.
십자가의 사랑은 하나님과 사람들에게 막힌 담을 무너뜨렸어요.

모든 사람들은 죄를 지어서 하나님의 영광에 이를 수 없게 되었어요.
하나님은 독생자 예수 그리스도를 진정한 만왕의 왕으로 세우셔서
온 인류의 죄를 사했어요. 예수님은 죄와 사망으로 멸망할 수밖에 없었던
온 세상의 죄를 십자가에 달려 죽으심으로 부활과 영생의 길로 인도하셨어요.
예수님은 십자가의 사랑으로 사람들과의 관계를 회복하셨어요.

예수님을 믿고 따르는 자들은 하나님 나라에 이를 수 있도록 길을 열어
주셨어요. 죽음에서 부활하시고 하늘로 올라가시면서 우리를 돕는 성령님을
보내주셨어요. 사랑의 하나님은 창조하신 모든 것을 처음부터 끝까지
축복하시며 사랑하신답니다. 예수 그리스도는 오늘도 내일도 영원히 우리와
함께 하시는 임마누엘의 놀라운 사랑이십니다.

Prayer for Blessings

태아를 위한 축복기도

사랑의 주님 감사합니다.
영원히 멸망받아 죽을 수 밖에 없었던 우리를 예수
십자가의 보혈의 피로 생명을 얻게하시니 감사드립니다. 사랑스런 주님의
자녀, 우리 아기가 세상에 태어나 믿음을 잃지 않고 힘있게 세상을 살아갈 수
있도록 도와주세요. 인생의 처음과 끝이 주님 계획속에 있음을 알게 하소서.
예수님처럼 십자가의 사랑을 실천하는 복된 자녀로 축복하소서.
예수님의 이름으로 기도드립니다. 아멘

산모와 가정을 위한 축복기도

주님 감사해요. 우리를 죄와 사망에서 구원하시니 감사드립니다.
세상 사람들은 육신에 속한 것을 구하지만 저희는 영생을 바라보게
하시니 감사드립니다. 인생의 모든 것이 주님께 있음을 알게 하시니
감사드립니다. 주님의 사랑을 실천하는 믿음의 가정이 되게 하소서.
산모에게 하늘의 평안과 기쁨을 허락하소서.
모든 산모들에게도 동일한 은혜를 허락하소서.
예수님의 이름으로 기도드립니다. 아멘

"우리가 아직 죄인 되었을 때에 그리스도께서
우리를 위하여 죽으심으로 하나님께서
우리에 대한 자기의 사랑을 확증하셨느니라"
- 로마서 5:8
But God commends his own love toward us,
in that while we were yet sinners,
Christ died for us.
- Romans 5:8

아기에게 쓰는 편지

....

....

....

....

....

....

....

....

Date   /   /
....

250

엄마의 일기

Date   /   /

Day 25

산 위에서 가르치신 팔복

"너희는 세상의 빛이라 산 위에 있는 동네가 숨겨지지 못할 것이요"
- 마태복음 5:14

You are the light of the world. A city set on a hill can't be hid.
- Matthew 5:14

태담
아기와의
사랑의 대화

아가야

거리에 나가면 수많은 사람들이 오고 가고 있단다.

사는 모습은 각기 달라도 일정한 질서 안에 있는 거란다.

주님은 이 질서 안에 하늘의 법을 말씀하셨단다.

어떤 마음을 품고 살아야 하는지를 아주 먼 옛날부터

오늘까지 말씀하고 계신단다.

세상에 모든 사람들의 죄를 사하러 오신 예수님은 33년 동안 사람들과 함께 계셨어요. 사람의 모습으로 계시는 동안 여기저기 다니시면서 천국 복음을 가르치셨어요. 예수님은 항상 하나님께 기도하는 모습을 잃지 않았어요. 그리고 하나님 말씀을 선포하시고 수 많은 병든자들을 고쳐 주셨어요. 예수님은 바쁘고 힘든 삶을 사셨어요.

예수님 곁에는 항상 많은 사람들이
따라다녔어요. 배고프고 삶에 지친 사람들은
예수님의 말씀을 듣고 새 힘을 받았어요.
예수님은 사람들을 언제나 사랑하시고
축복하셨어요. 어디에서나 하나님의 말씀을
가르치기에 게으르지 않았어요.
병든 자들도 고쳐 주셨지요. 예수님은
산 위에서 하나님의 말씀을 가르치기
시작했어요. 진정한 복이 무엇인지,
여덟가지 복에 대해 말씀하시기 시작했어요.

"마음이 가난한 자는 복이 있나니 천국이 그들의 것임이요. 애통하는 자는
복이 있나니 그들이 위로를 받을 것임이요. 온유한 자는 복이 있나니
그들이 땅을 기업으로 받을 것이요. 의에 주리고 목마른 자는 복이 있나니
그들이 배부를 것임이요.
긍휼히 여기는 자는 복이 있나니 그들이 긍휼히 여김을 받을 것이요.
마음이 청결한 자는 복이 있나니 그들이 하나님을 볼 것임이요.

화평케 하는 자는 복이 있나니 그들이 하나님의 아들이라 일컬음을 받을 것이요.
의를 위하여 핍박을 받는 자는 복이 있나니 천국이 그들의 것임이요.
나로 말미암아 너희를 욕하고 박해하고 거짓으로 너희를 거스려 모든 악한 말을
할 때에는 너희에게 복이 있나니 기뻐하고 즐거워하라. 하늘에서 너희들이
받을 상이 큼이라." 사람들은 기뻤어요. 세상에서 어떻게 살아야 하는지
예수님께서 잘 가르쳐 주셨기 때문이예요.

Prayer for Blessings

태아를 위한 축복기도

사랑의 주님, 우리 아기가 세상에서 어떤 마음을 품고 살아야 하는지
가르쳐 주셔서 감사드립니다. 항상 주님이 가르쳐주신 말씀을 잘
순종하여 축복의 통로로 살게 해주세요.
예수님의 이름으로 기도드립니다. 아멘

산모와 가정을 위한 축복기도

주님 감사해요, 산모와 가정을 지켜주시고 보호해주셔서 항상 예수님의
마음을 품고 살게 하시니 감사드립니다. 항상 말씀 안에서 우리 자신을
조명하며 이웃을 축복하는 삶이 되게 해 주세요.
예수님의 이름으로 기도드립니다. 아멘

"그러므로 무엇이든지 남에게 대접을 받고자
하는 대로 너희도 남을 대접하라
이것이 율법이요 선지자니라"
- 마태복음 7:12
Therefore whatever you desire for men to you,
you shall also do to them; for this is the law
and the prophets.
- Matthew 7:12

아기에게 쓰는 편지

....

....

....

....

....

....

....

....

Date   /   /

엄마의 일기

....
....
....
....
....
....
....
....
....

Date   /   /
....

Day 26

마르다와 마리아

"그에게 마리아라 하는 동생이 있어 주의 발치에 앉아
그의 말씀을 듣더니"
- 누가복음 10:39

She had a sister called Mary, who also sat at
Jesus'feet, and heard his word.
- Luke 10:39

태담
아기와의
사랑의 대화

아가야!

엄마는 우리 아기를 임신한 후에는

가능한 우리 아기를 축복하며

날마다 하나님 말씀을 묵상하며

음식과 생각하는 것,

보는 것 등 좋은 것만을

선택하고 좋은 음악을 들으며

우리 아기와 함께 기쁘게 보내고 있단다.

엄마 잘하고 있다고 칭찬해주렴.

예수님은 이 마을 저 마을 다니면서 부지런히 하나님 나라를 전파하셨어요.
하루는 예수님께서 언니 마르다와 동생 마리아가 사는 집을 방문했어요.
예수님이 들어 오시자 두 자매는 너무 기뻤어요. "예수님 어서 오세요.
저희집에 찾아 오셔서 너무 기뻐요." 예수님은 두 자매를 축복해주셨어요.
예수님은 자리에 앉으셔서 천국 복음을 말씀하시기 시작했어요.

"어떤 율법사가 나에게 물었단다. 선생님 내가 무엇을 하여야 영생을
얻을수 있겠나이까? 율법에 무엇이라 기록 되었느냐? 네가 어떻게 읽었느냐?
율법사가 대답하였단다. 선생님 네 마음을 다하며 목숨을 다하며
힘을 다하며 뜻을 다하여 주 너의 하나님을 사랑하고
또한 네 이웃을 네 몸과 같이 사랑하라 하였나이다.
그래 네 말이 맞다 네 대답이 옳도다
이를 행하라 그리하면 네가 살게 될것이다"

마리아는 예수님 발 앞에 턱을 괴고 두 귀를 쫑긋 세우고 열심히 주님의 말씀을
듣고 있었어요. 하지만 마르다는 식사준비와 집안일로 정신없이 바빴어요.
부엌에서 음식을 준비하느라 주님의 말씀을
들을 시간이 없었어요. 마르다는 생각했어요
'난 예수님께 드릴 음식과 집안 정리하느라
바쁜데 마리아는 왜 나를 안 도와주고
예수님 말씀만 듣고 있지?'

마르다는 예수님께 말했어요.
"예수님 제가 너무 바쁜데
마리아에게 저를 좀 도와 주라고 하세요."
그러자 예수님은 마르다에게 말씀하셨어요.
"마르다야 너는 많은 일로 분주하구나.
그러나 마리아는 좋은 것을 선택했단다.
그러니 그냥 두어라."
예수님은 말씀하셨어요.
"마르다야 마르다야
네가 많은 일로 염려하고 근심하나
그러나 몇가지만 하든지 혹 한가지만이라도 족하니라
마리아는 이 좋은 편을 택하였으니 빼앗기지 아니하리라"
그러나 마르다는 얘수님이 하시는 말씀을
이해하지 못하고 계속 분주하게 움직였어요.

마리아는 예수님의 말씀을 듣는 것이 우선이었어요.
예수님의 가르침이 마리아는 우선이라는 것을 알고 선택한 것이지요.
마르다는 세상일로 분주 했어요.
무엇이 우선인지 보여주는 장면이였어요.
예수님은 분주한 마르다 보다 천국복음을
듣는 것을 선택한 마리아를 칭찬해 주셨답니다.

Prayer for Blessings

태아를 위한 축복기도

예수님 감사해요. 세상은 너무나 바쁘고 분주하지만 무엇이 우선인지
우리 아기가 알게 하시니 감사합니다. 그렇게 함으로 진정으로
소중한 것을 놓치지 않게 해주세요. 주님의 음성에 귀기울이는 착한 어린이로
자라도록 지혜를 주세요. 예수님의 이름으로 기도드립니다.
예수님의 이름으로 기도드립니다. 아멘

산모와 가정을 위한 축복기도

예수님, 세상이 바쁘고 분주하지만 가장 귀한 시간을 선택하여 주님의
음성을 들을 수 있도록 산모와 가정을 축복해주세요. 예배시간에 주님의
음성을 들을 수 있도록 축복해주세요.
예수님의 이름으로 기도드립니다. 아멘

"주의 말씀은 내 발에 등이요 내 길에 빛이니이다"
- 시편 119:105

Your word is a lamp to my feet,

And a light for my path.

- Psalms 119:105

아기에게 쓰는 편지

Date   /   /

엄마의 일기

Date   /   /

Day 27

어린이를 축복하신 예수님

"그 어린 아이들을 안고 그들 위에 안수하시고 축복하시니라"
- 마가복음 10:16
And he took the children in his arms, put his hands
on them and blessed them.
- Mark 10:16

태담
아기와의
사랑의 대화

사랑스런 아가야!

예수님이 우리 아기를 얼마나

사랑하시는지 알고 있니?

예수님은 약하고 미약한 어린이들을

축복하고 사랑 하셨단다.

왜일까? 어린이들은 순수하게 예수님의

말씀을 믿고 따르기 때문이란다.

하늘나라는 이렇게 순수하게

따르는 자들의 것이란다.

예수님은 마음이 상한 자, 병든 자, 귀신들린 자들을 자유하게 하셨어요.
그리고 죄와 욕심으로 가득찬 사람들에게 천국복음을 전파하시면서 서로
용서 사랑하라고 가르치셨어요. 예수님의 소문이 예루살렘과 모든 성에
퍼졌어요. 예수님을 따르는 수많은 군중 속에서 열 두 제자들은 너무 바빴어요.
시간이 지날수록 사람들이 구름떼 처럼 몰려들자 제자들은 정신이 없었어요.
그러나 예수님은 쉬지 않고 회당에서 거리에서 말씀을 전파했어요.
모든 약한것을 고쳐주셨지요.
병든 자, 약한 자들을 고쳐주셨어요.
열심히 천국복음을 전파하는 모습을 멀리서 바라보던
어린아이들은 예수님을 만나고 싶어 일제히
"와 예수님이시다, 예수님 사랑해요." 하며
우르르 예수님께 달려들었어요.

그러나 제자들은 어린아이들이 예수님께 오는 것을 막았어요.
"아이구 이 녀석들! 예수님은 지금 바쁘시단다. 그리고 너희들 같이 어린
아이들은 이곳에 올 수 없다." 어린아이들이 가까이 오는 것을 막았어요.
"예수님은 바쁘시니 여기에 오지 말거라" 큰 소리로 야단쳤지요.
제자들은 예수님이 어린이들에게까지 관심이 없는 줄로 착각했어요.
힘있는 어른들만이 예수님의 가르침과 천국 복음을 듣는줄 알았어요.
날마다 밀려오는 수많은 군중들 속에서 어린아이들은 늘 숨겨져 있었지요.

그러자 예수님은 제자들을 향해 말씀하셨어요.
"어린 아이들이 내게 오는 것을
막지 말거라 천국은 어린 아이같이
하나님을 믿는 자들이
들어가느니라."
예수님은 기쁘게
어린아이들을 맞이해 주셨지요.
그리고 따스한 사랑의
모습으로 두 팔로
감싸 안으시고
축복해 주셨답니다.

Prayer for Blessings

태아를 위한 축복기도

사랑의 주님
우리 아기를 안아주시고 축복하시는 주님. 주님의 사랑을 잊지 않고
기억나게 해주세요. 그리고 주님의 사랑에 우리 아기가 하나님의 말씀을
믿고 따르며 성장할 수 있도록 사랑 안에서 늘 감사와 찬양이
흘러 넘치도록 건강과 지혜로 축복해 주세요.
예수님의 이름으로 기도드립니다. 아멘.

산모와 가정을 위한 축복기도

주님 우리 아기와 산모를 축복하시고 함께하시니 감사드립니다.
주님의 은혜가 항상 넘치게 하시니 감사드립니다. 태중에 아이를
축복하시는 주님.태중에서부터 주님의 사랑을 받게 하시니 감사드립니다.
언제나 변함없이 어린아이들 축복하시는 주님께 감사하는 가정으로
인도해 주세요. 예수님의 이름으로 기도드립니다. 아멘.

"예수께서 그 어린아이들을 불러 가까이 하시고 이르시되
어린아이들이 내게 오는 것을 용납하고 금하지 말라
하나님의 나라가 이런 자의 것이니라"
- 누가복음 18:1
Jesus called them near saying, "Allow the little
children to come to me, and don't hinder them,
for the kingdom of God belongs to ones like these"
- Luke 18:16

아기에게 쓰는 편지

Date   /   /

엄마의 일기

Date   /   /

Day 28
키 작은 삭개오

"예수께서 그곳에 이르사 쳐다보시고 이르시되 삭개오야
속히 내려오라 내가 오늘 네 집에 유하여야 하겠다 하시니"
- 누가복음 19:5

He ren on ahead, and climbed up into a sycamore tree
to see him, for he was to pass that way
- Luke 19:5

태담
아기와의
사랑의 대화

사랑하는 아가야!

사람들은 누구나 욕심이 있단다.

모두 거기서 돌이켜야 될 텐데 말이야.

그것이 뜻대로 되지 않아 죄에 빠진게 된단다.

그러나 우리는 욕심을 회개하는 사람이 되어야 한단다.

죄를 깨닫고 회개한 삶을 산 삭개오처럼 말이야.

그것은 우리 아기의 행복과 이웃의 행복을 위해서야,

결국은 주님이 기뻐하시는 일이란다.

넓은 광장이 보이고 빼곡이 집들이 모여있는 마을에 백성들에게
세금을 걷는 삭개오가 살았어요. 삭개오는 유난히 키가 작았어요.
삭개오는 항상 세금을 걷으면서 "난 부자가 될거야, 하지만 사람들이 내는
세금만으로는 난 부자가 될 수 없어. 그러니 불공평하게 거둘 수밖에…"
사람들은 이런 삭개오가 미웠어요.

어느 날 예수님은 삭개오가 사는 마을을 지나가게 되었어요.
삭개오는 예수님에 관한 소식을 들었어요. 키가 작은 삭개오는
아무리 발꿈치를 높이 들어도 예수님을 볼수 없게 되자
재빨리 커다란 나무위로 순식간에 올라갔어요.
그리고 소리쳤어요. "예수님 저 좀 보세요, 예수님 저 삭개오예요."
삭개오는 항상 마음이 슬펐어요. 사람들이 눈치채지 못했어요.
"나는 나쁜사람이야 가난한 사람들의 세금을 착취하고 있잖아?
아마 하나님이 알면 혼내실거야 어떻게 나의 죄를 용서받을 수 있을까?
하나님의 아들 예수님을 만나면 내가 변화될텐데 말이야"
삭개오는 예수님이 오시기만을 기다렸답니다.

예수님이 삭개오를 보시고 말씀하셨어요.
"삭개오야 내려 오너라 오늘 내가 너의 집에 가서 쉬어야겠다."
삭개오는 너무 기뻤어요. 그러자 사람들은 수군 거렸어요.
"뭐라구? 저 나쁜 죄인의 집에 예수님이 머무르시겠다고…"
삭개오는 기쁜 마음으로 예수님과 함께 집을 향하여 걷기 시작했어요.

이윽고 예수님은 삭개오의 집에 도착하셨어요. 그리고 삭개오는 예수님 앞에 무릎을 꿇고 말했어요. "예수님 저는 죄인입니다. 사람들을 속이며 빼앗은 돈을 모두 돌려 주겠어요." 예수님은 삭개오를 바라보시며 말씀하셨어요. "그래 네가 좋은 것을 선택했구나. 오늘 구원이 이집에 이르렀으니 이 사람도 아브라함의 자손이구나." 삭개오는 진정한 하나님 나라의 백성이 되었어요. 그리고 예수님은 삭개오에게 좋은 친구가 되었답니다.

Prayer for Blessings

태아를 위한 축복기도

사랑의 주님 감사드립니다. 삭개오처럼 우리 아기가 자신의 문제를
깨닫고 회개하여 주님의 축복을 받는 자녀가 되게 해주세요.
예수님의 이름으로 기도드립니다. 아멘

산모와 가정을 위한 축복기도

주님, 욕심이 잉태하여 죄를 낳고 죄가 장성하여 사망에 이르지 않게
산모와 저희 가정을 지켜주세요. 감사하는 삶을 살아가게 하시고
이웃을 축복하는 가정이 되게 해주세요.
예수님의 이름으로 기도드립니다. 아멘

"그런즉 누구든지 그리스도 예수 안에 있으면
새로운 피조물이라 이전 것은 지나갔으니
보라 새것이 되었도다"
- 고린도후서 5:17
Therefore if anyone is in Christ,
he is a new creation.
The old things have passed aways.
Behold, they have become new.
- 2 Corinthians 5:17

아기에게 쓰는 편지

Date   /   /

아기에게 쓰는 편지

Date   /   /

엄마의 일기

Date   /   /

Day 29
고기잡이 시몬 베드로

"시몬이 대답하여 이르되 선생님 우리가 밤이 새도록 수고 하였으되
잡은 것이 없지마는 말씀에 의지하여 내가 그물을 내리리이다"
- 누가복음 5:5

simon answered "Master, we've worked hard all night
and haven't caught anything but because you say so,
I will let down the nets."
- Luke 5:5

태담
아기와의
사랑의 대화

사랑스런 우리 아가야!

푸른 바다 위에 갈매기들이 노래를 부르며 즐겁게 하늘과

바다 위를 날아 다닌단다. 바다 속에는 물고기떼들이

한참 있으니 통통통 ... 어디론과 헤엄을 치면서 가고 있지.

소리를 내면서 배가 오고 있구나. 누구냐 하면 고기잡이 어부

아저씨가 오신거야. 아가야, 엄마가 고기잡이 시몬 베드로가

사람 낚는 예수님의 제자 된 이야기 해줄게.

갈릴리 바닷가에 시몬이라고 불리는 어부 베드로가 살았어요. 베드로는 평생 물고기 잡는 어부로 살았어요. 어디에 물고기가 많이 모여 있는지 어디에 수심이 깊은지 너무나 잘아는 어부였어요. 베드로는 열심히 그물을 내리면서 밤새도록 물고기를 잡았지만 한마리도 잡지 못한채 시무룩하게 빈그물만 바라보고 있었어요. 지치고 피곤한 모습을 보게된 예수님이 베드로에게 다가 오셨어요.
"시몬아, 깊은데로 가서 그물을 내리렴."

그때 베드로는 '예수님, 뭐라구요? 저는 평생 어부로 살았어요, 저는
물고기가 어디에 많이 사는지 잘 알아요.' 이렇게 말할 수 있었지만
"네 예수님, 제가 밤새도록 고기를 잡았지만 빈그물이예요. 하지만
말씀에 의지하여 순종할게요." 라고 말했어요. 바로 깊은 곳에 그물을
내리자 베드로의 빈 배에 153마리의 물고기로 가득 채워졌어요.
그리고 옆에 있는 친구 배까지 물고기로 풍성해졌지요.

그때 베드로가 예수님을 알아보고 "선생님 잘못했어요.
저는 죄인이예요 저를 떠나주세요 흑흑…"
그러나 예수님은 다정한 목소리로
"베드로야 두려워말라 네가 그 동안은 고기잡는
어부였지만 이제는 사람을 낚는 어부가 될것 이란다"
라고 말씀 하셨어요.

그때부터 베드로는 열심히 예수님을 따르는 제자가 되었어요.
베드로는 거칠고 성격이 급한 사람이였지요.
한눈에 예수님이 하나님의 아들임을 알아챈 베드로는 예수님을 만난후로는
온유하고 겸손한 성품의 사람으로 변화되었답니다. 푸른 바다는 더욱 밝게
반짝이고 하늘을 나는 갈매기들도 끼륵 끼륵 기쁘게
더 높이 푸른 하늘을 날아 다녔어요.

Prayer for Blessings

태아를 위한 축복기도

사랑의 예수님, 바다에 반짝이는 햇살처럼 우리 아기가 밝고 환하게
자라게 해주세요. 시몬 베드로처럼 예수님의 말씀에 순종하는 자녀가
되어 주님이 주시는 놀라운 축복을 받아 누리는
믿음의 자녀로 자라게 해주세요.
예수님의 이름으로 기도드립니다. 아멘

산모와 가정을 위한 축복기도

예수님 감사드립니다. 베드로의 믿음을 본받아 말씀에 순종하는 부모가
되게 해주세요. 그리하여 믿음으로 사는 가정이 얼마나 복된 가정인지
우리 아기가 보고 배워서 훌륭한 예수님의 제자로 성장시켜주세요.
예수님의 이름으로 기도드립니다. 아멘

"예수께서 시몬에게 이르시되 무서워 하지 말라 이제
후로는 네가 사람을 취하리라 하시니 그들이 배들을
육지에 대고 모든 것을 버려두고
예수를 따르니라"
- 누가복음 5:10,11
Than Jesus said to simon, "Don't be afraid;
from now on you will catch" So they pulled their
boats up on shore, left everything and followed him.
- Luke 5:10,11

아기에게 쓰는 편지

Date   /   /

300

엄마의 일기

Date   /   /

Day 30
선한 사마리아인

"대답하여 이르되 네 마음을 다하며 목숨을 다하며 힘을 다하며
뜻을 다하여 주 너의 하나님을 사랑하고 또한
이웃을 네 자신같이 사랑하라 하였나이다"
- 누가복음 10:27
He answered, "you shall love the Lord your God with all
your heart, with all your soul, with all your strength,
and with all your mind ;and your neighbor as yourself."

- Luke 10:27

태담
아기와의
사랑의 대화

사랑스런 아가야!

세상에는 착한 사람들이 많단다.

우리 아기는 예수님의 마음을 알아

종교인이 아니라 예수님의 사랑을 실천하는

선한 사마리아 사람처럼 살아야 된단다.

주님은 우리 아기의 숨소리까지도

듣고 계시니까 언제나 주님이

위로하시고 축복하신단다.

이스라엘 이웃에 있는 팔레스타인에 사는 사마리아인들은 가난하고 불쌍한
사람들이였어요. 하나님을 따르는 유대인들은 사마리아인들을 무시했어요.
함께 밥을 먹는 것도 함께 노는 것도 싫어했어요.
심지어는 사마리아 사람들이 사는 곳에는 땅도 밟기 싫어했어요.

어느 날 율법학자들이 예수님께 물었어요.
"율법책에는 이웃을 네 몸과 같이 사랑하라고
했는데 누가 진짜 제 이웃인가요?"
예수님이 비유로 대답하셨어요.

"어떤 사람이 길을 가다가 강도를 만나 돈도 빼앗기고 얻어 맞아 거의 죽게
되었다. 그때 제사장이 지나가다가 그 광경을 보고
'쯧쯧, 안됐는걸. 그러나 난 바빠서 그냥 가야겠는 걸.' 하고 지나쳤단다.
그때 또 믿음이 좋기로 소문난 레위인이 보고 '아이구 불쌍해라,
하지만 난 이 사람을 도와줄 능력이 없어.'생각하고 그냥 지나쳤지.
다시 한 사람이 왔어. 그 사람은 사람들이 무시하는 사마리아인이었단다.
사마리아인은 강도만난 사람의 상처를 싸매고 일으켜 세웠단다.
그리고 절뚝거리는 그 사람을 여관으로 데려가 그를 돌봐 주었다.
상처가 아물때까지 잘 돌봐주라고 여관주인에게 돈까지 주고 떠났다.
이 세 사람 중에 누가 진정한 이웃이라고 생각하느냐?"
예수님 말씀이 끝나자 율법학자들은 고개를 끄덕이면서
진정한 이웃은 선한 사마리아인이라고 고백할 수밖에 없었어요.
예수님은 "너희들도 이와같이 하라"고 말씀하셨어요.
예수님은 계명 중에 가장 큰 계명은
이와같이 하나님의 사랑을 실천하는 것이라고 가르쳐 주셨답니다.

Prayer for Blessings

태아를 위한 축복기도

사랑의 주님, 우리 아기가 선한 사마리아 사람처럼 예수님 사랑을 실천하며
살게 해주세요. 친절한 마음으로 이웃을 섬기며 축복하는
하나님의 사람이 되도록 기도하게 하시고 예수님의 사랑을
실천하는 주님의 자녀로 살아가도록 인도해주세요.
예수님의 이름으로 기도드립니다. 아멘

산모와 가정을 위한 축복기도

주님 감사합니다.우리 가정을 축복해주시니 감사드립니다.
나 자신과 가정만을 위한 삶이 아니라 이웃을 돌아보아 격려하며
축복하는 삶이 되게 해주세요. 언제나 주님의 뜻을 실천하는
산모와 가정으로 축복해주세요.
예수님의 이름으로 기도드립니다. 아멘

"너희는 이 세대를 본받지 말고 오직 마음을
새롭게 함으로 변화를 받아 하나님의 선하시고 기뻐하시고
온전하신 뜻이 무엇인지 분별하도록 하라"
-로마서 12:2
Don't be fashioned according to this world,
but be transformed by the renewing of you mind,
so that you may prove what is the good and
acceptable and perfect will of God.
- Romans 12:2

아기에게 쓰는 편지

....

....

....

....

....

....

....

....

Date   /   /
....

엄마의 일기

Date   /   /

Day 31

선교사 바울

"너희는 먼저 그의 나라와 그의 의를 구하라 그리하면
이 모든 것을 너희에게 더하시리라"
-마태복음 6:33
But seek fist God's kingdom, and his righteousness;
and all these things will be added to you.
-Matthew 6:33

태담
아기와의
사랑의 대화

사랑스런 아가야

어느덧 엄마와 함께한 성경태교

동화여행이 끝날 때가 되었구나.

이제 우리 아기와 직접 얼굴을 보는

시간이 가까워지는구나.

엄마는 마음이 설레이기도 하고,

한편으로는 건강한 우리 아기의 우렁찬

울음소리도 빨리 듣고 싶구나.

주님께서 우리와 함께 하심을 감사드리자.

주님은 우리를 축복하고 사랑하신단다.

어느 큰 도시에 가문이 훌륭한 집안에 사울이 태어났어요.
어려서부터 수준 높은 교육을 받으며 자랐어요.
최고의 가문과 학문을 소유한 사울은 자칭 하나님의 아들이라고 하는
예수님이 싫었어요. 예수님을 따르는 사람들도 미워졌어요.
수많은 사람들이 예수라는 사람을 따라다니는 것이 사울의 눈에는
이상한 사람들처럼 보였어요.
예수님을 하나님의 아들로 메시야로 믿고 따르는 사람들을 핍박하기
시작했어요. 심지어는 감옥에 가두기도 하고 죽이기까지도 했어요.
사울은 조상대대로 믿고 따르는 유대종교를 예수님 때문에 무너질까봐
마음속으로 겁이 났어요.

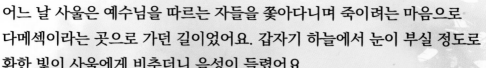

어느 날 사울은 예수님을 따르는 자들을 쫓아다니며 죽이려는 마음으로
다메섹이라는 곳으로 가던 길이었어요. 갑자기 하늘에서 눈이 부실 정도로
환한 빛이 사울에게 비추더니 음성이 들렸어요.
"사울아 사울아 너는 왜 나를 괴롭히느냐?"
"당신은 누구십니까?"
"나는 네가 핍박하는 예수다."
사울은 무서워서
땅에 납작 엎드렸어요.
또 다시 음성이 들렸어요.
"일어나 성 안으로 가거라."
사울은 너무나 밝은 빛으로
눈이 멀어서 앞이 보이지 않았어요.

그때 사람들이 앞을 보지 못하는 사울을 다메섹 성으로 데려다
주었어요. 거기서 아나니아의 기도로 눈에서 비늘 같은 것이 떨어져
나가자 다시 환하게 보이기 시작했어요. 그러자 사울의 마음에는
예수님의 사랑과 기쁨으로 가득 넘쳤어요. 사울은 예수님을 믿고
따르는 참 제자가 되었어요. 세상에서 소중하게 여기던 것을 배설물로
여기고 어떠한 역경 속에서도 복음을 전하는 선교사가 되었어요.
이곳저곳을 다니며 교회를 세우고 사람들에게 예수님의 사랑과
천국복음을 전파했어요. 예수님은 사울의 이름을 바울로 바꿔
주셨어요. 새 사람이 되었다는 의미이지요.

바울은 교회들을 세우며 위로와 사랑의 편지를 보냈어요.
"기뻐하고 기뻐하세요. 하나님의 사랑이 여러분과 함께 하신답니다.
주님을 향한 믿음과 소망과 사랑을 항상 간직하고 실천하십시오.
성령께서 여러분에게 아홉 가지 성령의 열매를 맺게 하실것입니다.
사랑과 희락, 화평과 오래 참음, 자비와 양선,
그리고 충성과 온유와 절제입니다.
예수님은 여러분을 축복하십니다. 세상 끝날까지 함께하십니다.
예수님의 은혜가 여러분 생애 가운데 항상 있기를 소망합니다."

Prayer for Blessings

태아를 위한 축복기도

사랑의 주님 감사드립니다.
세상 끝날까지 함께 하심을 감사드립니다.
아기의 전 생애를 축복하시고 어렵고 힘들 때는 믿음으로 일어나게
하시고, 주님 나라를 소망하며 이웃을 사랑하는 자녀가 되게 해주세요.
바울처럼 기쁘게 주님과 동행하는 복된 인생이 되도록 하나님 말씀에
순종하게 도와주세요. 예수님과 부모님의 기쁨이 되게 축복해주세요.
예수님의 이름으로 기도드립니다. 아멘

산모와 가정을 위한 축복기도

사랑의 주님 감사드립니다. 저희 가정에 귀한 자녀를 보내주셔서
감사드립니다. 산모와 아기의 건강을 지켜주세요. 바울처럼 주님을 섬기며
서로를 축복하는 저희 가정이 되게 해주세요. 어떠한 역경 속에서도 믿음
잃지 않게 도와주세요. 성령의 아홉 가지 열매로 서로를 축복하며 섬기는
가정. 이웃과 나라와 열방을 축복하는 저희 모두가 되게 해주세요.
예수님의 이름으로 기도드립니다. 아멘

"내가 너희에게 분부한 모든 것을 가르쳐 지키게 하라
볼지어다 내가 세상 끝날까지 너희와 항상 함께 있으리라 하시니라"
- 마태복음 28:20
Teaching them to observe all things which
I commanded you. Behold, I am with you always,
even to the end of the age. A-man.
- Matthew 28:20

아기에게 쓰는 편지

....

....

....

....

....

....

....

....

Date   /   ·   /

엄마의 일기

Date   /   /

321

280일 태아성장과정

0~3주 : 수정란, 세포 분열의 시작

4~5주 : 태반,탯줄,신체기관 발달

6주 : 뇌,주요장기,근육발달

7주 : 뇌와 신경,손발 기관 발달

8주 : 손가락,발가락형성,몸커짐

9주 : 얼굴윤곽뚜렷,생식기발달

10주 : 뼈,근육.손발톱.솜털형성

11주 : 발길질,기지개.탈꾹질

12주 : 자극에 반응,손 빨고 꿈틀거림

13주 : 뇌와 신경기능발달,지문형상

14주 : 손발,얼굴 근육 활발히 움직임

15주 : 소리에 반응,성별 구분기능

16주 : 체중증가, 손발톱 자람

17주 : 표정지움.왕성한움직임

18주 : 눈썹과 머리털생김

19주 : 감각발달하여 자유로움

20주 : 손가락 발가락 움직임

21주 : 전신에 솜털,눈을 감았다 떴다 함

22주 : 태지형성.인체구조형성

23주 : 뼈와 근육 형성되어감

24주 : 머리가 아래로 자세자꿈

25주 : 영양구분.머리와 몸통 비율 맞아짐

26주 : 폐발달,작은숨 몰아심

27주 : 손가락 빨고 호흡연습

28주 : 청력발달 귀의 기능이 활발

29주 : 머리가 커지고 뇌,근육,폐발달

30주 : 시력발달, 눈 신경세포발달

31주 : 엄마 목소리와 사물 소리 구분

32주 : 피하지방증가, 피부윤기

33주 : 호흡연습. 몸의근육 발달

34주 : 포동포동해짐. 출산 위치 잡아감

35주 : 태동 거세고 남녀구분 확실해짐

36주 : 골반쪽으로 머리이동과 몸고정

37주 : 장기완성. 등 굽히고 양손 두발 앞으로 모은자세

38주 : 4등신. 신생아의 몸 형성

39주 : 체내 지방층 형성.소리냄새.빛 촉감에 반응

40주 : 출산 준비

우리아기 얼마나 컷을까?

1개월   년   월   일

초음파사진

2개월   년   월   일

초음파사진

우리아기 얼마나 컸을까?

3개월   년   월   일

초음파사진

4개월   년   월   일

초음파사진

우리아기 얼마나 컸을까?

5개월   년   월   일

초음파사진

6개월   년   월   일

초음파사진

우리아기 얼마나 컷을까?

7개월   년 월 일

```
┌─────────────────────────────────────────────┐
│                                               │
│                                               │
│                                               │
│                                               │
│                  초음파사진                     │
│                                               │
│                                               │
│                                               │
│                                               │
└─────────────────────────────────────────────┘
```

8개월   년 월 일

```
┌─────────────────────────────────────────────┐
│                                               │
│                                               │
│                                               │
│                                               │
│                  초음파사진                     │
│                                               │
│                                               │
│                                               │
│                                               │
└─────────────────────────────────────────────┘
```

우리아기 얼마나 컷을까?

9개월   년   월   일

초음파사진

10개월   년   월   일

초음파사진

우리아기와 첫 만남

사진

우리 아기 사랑스러운 손도장

태어난 날: _____

태명: _____

이름: _____

키: _____

몸무게: _____

우리 아기 사랑스러운 발도장

엄마 아빠 축복 기도